24

HEURES CHRONO

LE GUIDE COMPLET DE LA SÉRIE

HEURES CHRONO

LE GUIDE COMPLET DE LA SÉRIE

MICHAEL GOLDMAN

HMH

SOMMAIRE

AVANT-PROPOS

Bienvenue dans *24 heures chrono : le guide en images* !

Ce livre résume, approfondit et célèbre plus de six ans du travail acharné d'un très grand nombre de personnes talentueuses. Celles-ci se sont réunies pour la première fois il y a plusieurs années afin de développer une idée originale – celle d'une série télé se déroulant en temps réel, sur une durée de vingt-quatre heures.

Je me rappelle avoir exposé ce concept à mon collègue et cocréateur de la série, Robert Cochran, et nous sommes tombés d'accord sur le fait que cette idée serait difficile à vendre à une grande chaîne de télévision. Pourtant, grâce au soutien d'Image Entertainment et de la 20th Century Fox, la série a non seulement bien marché, mais elle est allée au-delà de nos espérances.

Ce qui nous a confrontés au problème suivant : comment proposer à nos fans une documentation cohérente de toute cette aventure ? *24 heures chrono : le guide en images* répond à cette question.

Grâce aux efforts du rédacteur, Michael Goldman, nous avons élaboré la somme d'informations la plus exhaustive, la plus sûre et la plus officielle qui ait jamais été rassemblée sur les six premières années de l'univers toujours en expansion de *24 heures chrono*, et sur les personnes, les histoires, la technologie et les thèmes qui peuplent cet univers.

Nous espérons que vous allez prendre plaisir à dévorer ces chroniques qui illustrent le chemin que *24 heures chrono* a déjà parcouru. Maintenant, il ne nous reste plus qu'à trouver ce qui va se passer après…

Joel Surnow
cocréateur et producteur exécutif de 24 heures chrono

JACK BAUER

Jack Bauer est un agent d'élite de la CAT (Cellule antiterroriste). Il est célèbre pour avoir, à plusieurs reprises, pourchassé avec acharnement des terroristes sur le sol américain – même s'il n'échappe pas à la controverse. Bauer s'est illustré par des exploits altruistes et dangereux au cours de plusieurs opérations top secrètes, notamment celles qui sont baptisées « journées de 1 à 6 » : des machinations terroristes découvertes, déjouées ou atténuées en vingt-quatre heures. Cette manière de vivre a des conséquences tragiques sur sa vie privée et il cherche désespérément à échapper à ce travail. Mais, malheureusement, les événements le ramènent toujours à la tête des opérations.

JACK BAUER

Jack Bauer est le meilleur agent de terrain antiterroriste de tout le pays. Il représente parfaitement les sacrifices et les dilemmes moraux auxquels sont confrontés ceux qui mènent en première ligne le combat contre la terreur que les États-Unis livrent jour après jour. Mais son engagement lui a coûté très cher. Alors qu'il était autrefois un agent soucieux du règlement, il a peu à peu acquis une réputation d'électron libre susceptible de contourner ou simplement d'ignorer les règles, de commettre des actes d'une violence inouïe, et même de sacrifier des vies au nom du bien commun. Ces méthodes ont conduit Bauer à se faire des centaines d'ennemis, ont indirectement causé le meurtre de sa femme, ont fait dégénérer ses rapports avec sa fille et ont mené à des confrontations meurtrières avec son père et son frère. Elles l'ont rendu sévèrement dépendant à la drogue, l'ont conduit à passer plusieurs mois dans une prison étrangère et l'empêchent d'entretenir des relations personnelles saines. Pourtant, ceux qui travaillent à ses côtés et ceux qui ont été les témoins de ses exploits quasi mythiques pour sauver des vies innocentes, voient en lui un ange de la vengeance désintéressé et un rempart indispensable dans une lutte de plus en plus sombre et désespérée.

La carte d'identité « intelligente » de Jack Bauer est scannée par le lecteur HID bioCLASS de la CAT. L'appareil a trois niveaux de vérification : lecture de la puce, code entré par le clavier et scanner d'empreintes digitales.

Bien que, au début de sa carrière à la CAT, Jack Bauer ait opté pour un Luger Sig Sauer P226 9mm comme arme de terrain, il lui a préféré ces dernières années le pistolet USP compact 9mm Heckler & Koch (HK) représenté ici.

Tony Almeida effectue un massage cardiaque frénétique sur Jack, inquiet que sa tentative de se faire passer pour mort à l'aide d'une injection d'épinéphrine n'ait mal tourné.

MORT ET ENTERRÉ

Alors que la mission « journée 4 » se termine, Bauer doit disparaître pour ne pas être capturé par les autorités chinoises (il est entré illégalement dans leur consulat) ou, pire, être tué par des agents de l'ombre du gouvernement américain, déterminés à l'empêcher de révéler des secrets d'État aux Chinois. Aidé de Tony Almeida, de Michelle Dessler et de Chloe O'Brian, Bauer simule sa propre mort et disparaît pendant dix-huit mois.

LIBÉRÉ

Le gouvernement chinois rattrape Bauer à la fin de la « journée 5 ». Alors que les événements tragiques de la « journée 6 » se mettent en place, il rentre aux États-Unis après avoir passé dix-huit mois dans une prison militaire chinoise. Il est sale, brûlé et blessé par les tortures qui lui ont été infligées. L'agent a fait partie d'un accord secret entre le président Wayne Palmer et le gouvernement chinois. Ses geôliers ont choisi de ne pas le tuer pour tenter de lui soutirer par la violence des informations confidentielles. Bauer est resté silencieux durant son incarcération – mais des rumeurs disent qu'il aurait été dupé et qu'il aurait involontairement dénoncé un agent infiltré américain, lors d'une tentative d'évasion orchestrée par ses tortionnaires.

FICHE SIGNALÉTIQUE

ÂGE : 41 ans

LIEU DE NAISSANCE : Santa Monica (Californie)

SITUATION DE FAMILLE : veuf

ENFANTS : 1 fille, Kimberley Bauer

PARENTS : Phillip Bauer (père, décédé), Graem Bauer (frère, décédé), Marilyn Bauer (belle-sœur), Josh Bauer (neveu)

DIPLÔMES :
– Licencié ès lettres, littérature anglaise (UCLA)
– Master de sciences criminologiques et de droit (UC Berkeley)
– LAPD : premier échelon SWAT
– Cours d'entraînement des forces spéciales

EXPÉRIENCE GOUVERNEMENTALE :
– CAT (unité des affaires locales de Los Angeles) : agent spécial responsable, directeur des opérations sur le terrain, agent d'intervention
– Département de la défense (Washington DC) : assistant spécial du ministre de la Défense
– LAPD : armes spéciales et tactique

GRADES MILITAIRES :
– US Army Combat Application Group
– US Army First Special Forces Operational Detachment
– Équipe Delta (Delta Force)

MATÉRIEL DE TERRAIN

Comme pour n'importe quel agent, l'équipement que Jack Bauer transporte avec lui varie radicalement en fonction de la mission et de la situation sur le terrain. Dans des conditions idéales, il porte en bandoulière un sac de toile qui contient diverses armes et du matériel tactique. Parmi ceux-ci : son pistolet HK USP compact, un gilet pare-balles, un couteau, une lampe de poche, un téléphone portable et d'autres accessoires.

Pistolet HK USP compact dans son holster de cuir

Monoscope de poche (loupe), agrandissement 10 x 24, jusqu'à 85 m

Badge officiel de la CAT

Gilet pare-balles en kevlar « Deuxième chance »

Montre de plongée militaire Daxa Sharkhunter SUB 750T pouvant atteindre des profondeurs de 750 m

Arme incapacitante standard de la CAT

Carte d'identification CAT de Jack Bauer, avec photo, code-barres et bande d'informations codées

Téléphone portable Motorola i880, avec une puce de localisation par GPS, une fonction talkie-walkie, un appareil photo, une capacité de téléchargement via satellite et un rabat à bouton

Couteau à cran d'arrêt et double tranchant

Lampe de poche miniature Tigerlight

JACK BAUER

Jack Bauer a grandi à Santa Monica, en Californie. Il est l'aîné de deux enfants dans une famille d'origine allemande qui a fait fortune grâce à la société qu'a créée Phillip Bauer, son père. Après l'université, il s'engage dans l'armée et les forces de l'ordre, se distingue au sein de l'unité Delta Force puis rejoint brièvement la division SWAT de la police de Los Angeles. Enfin, il est recruté à la CAT par l'administration gouvernementale. Son choix de carrière est à l'origine d'une brouille d'une dizaine d'années avec son père, qui espérait le voir rejoindre l'entreprise familiale. Pendant ce temps, Jack a épousé Teri, designer graphique de profession, avec qui il a eu une fille, Kimberley. Depuis que sa femme a été assassinée, six ans auparavant, il a des rapports tendus et difficiles avec Kimberley, aujourd'hui âgée de 22 ans.

PHOTO DE FAMILLE

Jack Bauer en compagnie de sa femme Teri (à gauche), alors âgée de 34 ans, et de leur fille Kimberley, qui avait alors 15 ans. Teri était designer graphique et artiste à Los Angeles : elle travaillait pour des agences de publicité, des musées et des éditeurs de bandes dessinées. La pression et le danger auxquels est exposé Jack ont fini par mettre en péril leur mariage. Ils se sont séparés un temps, durant lequel Jack a eu une liaison avec Nina Myers, sa collaboratrice, et Teri avec le docteur Phil Parslow.

Nina Myers (à droite) semble réconforter Teri Bauer, peu après son enlèvement par Ira Gaines. Il s'avérera que Myers est en fait une taupe infiltrée à la CAT et qu'elle est sur le point de trahir Jack et d'assassiner Teri.

Jack Bauer, apathique, en deuil, tenant une photo de sa femme, ignore les appels le sommant de réintégrer la CAT, au début de la « journée 2 ». Bien qu'il finisse par venger Teri et régler ses comptes avec Nina, il ne se remettra jamais totalement de cette mort, une tragédie qui l'affecte aujourd'hui encore.

FICHE SIGNALITIQUE

NOM : Kimberley Bauer

ÂGE : 22 ans

LIEU DE NAISSANCE : Santa Monica (Californie)

SITUATION DE FAMILLE : célibataire

PARENTS : Jack Bauer (père), Teri (mère, décédée), Phillip Bauer (grand-père, décédé), Graem Bauer (oncle, décédé), Marilyn Bauer (tante), Josh Bauer (cousin)

DIPLÔMES :
– Lycée de Santa Monica (non diplômée)
– Diplômée de l'université de Santa Monica
– Deug en création artistique numérique

EXPÉRIENCES PROFESSIONNELLES :
– Stagiaire à la CAT (unité locale de Los Angeles)
– Analyste de données de niveau 1 à la CAT (unité locale de Los Angeles)
– Garde d'enfants, puéricultrice

Phillip Bauer

RELATIONS

Le travail de Jack Bauer est difficilement compatible avec une liaison amoureuse. Son mariage traverse des moments difficiles, son histoire avec Nina Myers s'avère être un désastre et, après la mort de Teri, il connaît parfois quelques moments de réconfort dans les bras de femmes impliquées dans ses aventures, tels ceux de Kate Warner. Seule Audrey Raines, la fille de l'ancien secrétaire à la Défense, semble faire naître quelques sentiments chez lui.

Nina Myers officie en tant que chef du personnel. Elle a une brève liaison avec Jack Bauer alors que celui-ci vit séparé de sa femme. Même si leur aventure ne dure pas, Jack fait toute confiance à Nina sur le plan professionnel. Une erreur fatale.

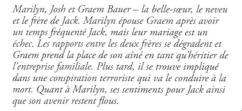

Marilyn, Josh et Graem Bauer – la belle-sœur, le neveu et le frère de Jack. Marilyn épouse Graem après avoir un temps fréquenté Jack, mais leur mariage est un échec. Les rapports entre les deux frères se dégradent et Graem prend la place de son aîné en tant qu'héritier de l'entreprise familiale. Plus tard, il se trouve impliqué dans une conspiration terroriste qui va le conduire à la mort. Quant à Marilyn, ses sentiments pour Jack ainsi que son avenir restent flous.

Bauer rencontre Kate Warner au cours de la « journée 2 » en la sauvant de terroristes. Ils auront une aventure durant cette journée, qui prend fin durant les années qui séparent les « journées 2 » et « 3 ».

Liens de sang

Les relations entre Jack et Phillip, son père, se sont envenimées il y a des années, après qu'il a refusé de rejoindre l'entreprise familiale, BXJ Technologies. Phillip a donc choisi Graem, son autre fils, pour diriger la société. Pendant presque dix ans, Jack n'a pas adressé la parole à son père, cessant aussi tout contact avec son frère. Phillip et Graem plongent BXJ dans des eaux troubles : ils finissent par aider des groupes terroristes russes à obtenir le Sentox VX, un gaz neurotoxique, et manipulent le président Logan pendant la « journée 5 ». Durant la « journée 6 », Jack trouve une piste qui lui révèle l'implication de BXJ dans l'acquisition de bombes nucléaires portables par Dimitri Gredenko, un trafiquant d'armes russe. Tandis que l'agent soutire des aveux à son frère, Phillip décide de détruire les preuves reliant sa société aux terroristes – ce qui signifie, entre autres, assassiner Graem, fomenter un complot contre Jack et prendre son petit-fils Josh en otage. Phillip réapparaît à la fin de la « journée 6 », déterminé à enlever son petit-fils et à l'emmener en Chine. Mais Josh abat son grand-père, et Jack le laisse mourir afin de sauver son neveu.

Bauer fréquente Claudia Salazar alors qu'il infiltre le cartel de la drogue Salazar, avant la « journée 3 ». Au cours de cette journée, il essaie de l'aider à fuir Salazar – une tentative qui débouche sur la mort tragique de la jeune femme.

Audrey Raines est la première femme qu'aime profondément Jack depuis la mort de Teri. Leur liaison débute avant la « journée 4 », mais leur couple bat de l'aile au cours de celle-ci. Il lui avoue ses sentiments durant la « journée 5 ».

Diane Huxley a une aventure avec Bauer pendant la période où il se cache, alors qu'il travaille sur une plate-forme pétrolière. Au cours de la « journée 5 », il sauve de la mort Derek, le fils de Diane, et avoue à la jeune femme qu'il est toujours amoureux d'Audrey Raines.

La Cellule antiterroriste (CAT) est une unité d'élite de la CIA fondée après l'attentat contre le World Trade Center en 1993. C'est une agence de sécurité intérieure chargée de protéger les États-Unis contre les attaques terroristes. Elle a des bureaux dans les principales villes américaines, supervisés par des circonscriptions administratives placées sous la tutelle de l'autorité fédérale. Au cours de la « journée 5 », la CAT est brièvement placée sous l'autorité du Département de la sécurité intérieure, mais réintègre sa chaîne de commandement originelle à l'issue de la crise.

LES BUREAUX DE LA CAT

Le centre nerveux de l'unité locale de Los Angeles de la CAT est ce que l'on nomme « le bureau », une zone sophistiquée de collecte et d'analyse des données située au rez-de-chaussée de l'immeuble de la CAT. Depuis leur poste de travail, les analystes épluchent chaque jour des milliards de gigabits de données, et utilisent pour cela la technologie informatique en réseau la plus pointue qui soit. Ils sont reliés à toutes les bases de données des représentants de l'ordre du monde entier. Les analystes en chef, comme Chloe O'Brian, travaillent depuis un poste spacieux situé à l'écart (voir ci-dessous), tandis que les autres sont regroupés afin d'accroître l'efficacité de leur collaboration. Même les plus simples détails du bureau sont stratégiquement étudiés pour augmenter le rendement et le travail en équipe. Par exemple, un éclairage en halo surplombe les postes de travail et illumine directement les bureaux, et des fauteuils ergonomiques « Humanscale Freedom » ont été installés pour maximiser le confort et la concentration des analystes, qui restent assis des heures durant. Le partage des informations est tellement primordial dans l'établissement que, en plus des moniteurs placés en réseau présents à chaque poste, une série d'écrans stratégiquement répartis exhibent en permanence des données dans l'ensemble du bureau : il s'agit de trois écrans plasma Panasonic de 1,25 mètre et de quatre moniteurs Dell 2407WFP de 70 centimètres sur le mur du fond.

La zone circulaire représente le bureau principal de la CAT, là où la plupart des analystes sont rassemblés. À d'autres endroits au même étage se trouvent d'autres bureaux plus petits, où deux ou trois analystes peuvent prendre place dans diverses configurations.

L'écran sur le bureau de Chloe O'Brian présente l'interface standard du système d'exploitation informatique de la CAT et diffuse des images de surveillance par satellite.

Le poste de travail de Chloe O'Brian est situé au centre pour lui permettre d'avoir une vue d'ensemble sur tout le bureau. Il est équipé de toute la technologie informatique de pointe, dont des écrans Macintosh Cinema Display de 50 cm connectés à un trio de tours G5 à processeurs Macintosh 2.3 doubles.

La CAT utilise la technologie de télécommunication Cisco Unified IP 7900, avec une capacité de huit lignes téléphoniques en parallèle et le protocole de reconnaissance vocale sur Internet. Leur sonnerie est personnalisée.

Comme il est l'agent le plus gradé des lieux, l'agent spécial responsable Bill Buchanan jouit d'un local privatif surplombant le bureau, qu'il garde relativement peu meublé. Comme tous les postes de travail de la CAT, son bureau est doté d'un ordinateur placé en réseau et pourvu d'un écran multimédia Dell (2707WFP) de 70 cm. Notez les vitres blindées, qui permettent de préserver l'intimité. Certains agents voient dans ces bandes de verre dépoli un véritable code-barres.

LE CENTRE DE LA CAT

La CAT déménage dans des locaux gardés secrets à Los Angeles durant la période de dix-huit mois séparant les « journées 3 » et « 4 ». L'endroit est plus spacieux et sécurisé ; des murs et des escaliers en béton remplacent l'infrastructure métallique de la CAT originelle. Cette photo représente ce qui doit être la zone la plus active de tout l'établissement en période de crise : le poste de Chloe O'Brian, au premier étage, situé à côté de la zone de conférence de la salle de réunion, et en dessous du bureau de l'agent spécial responsable – une place stratégique pour surveiller l'ensemble du bureau.

Bien que la CAT ait une salle de conférences plus spacieuse, on lui préfère en cas de crise la salle de réunion, à cause de ses infrastructures plus sécurisées. La pièce est équipée pour des téléconférences et possède un écran plasma Panasonic de 1,25 mètre sur le mur. Mais elle peut servir aussi de lieu de repli en cas d'attaque chimique, car elle peut être hermétiquement scellée par des panneaux de métal. Pendant la « journée 5 », cette capacité sauve plusieurs vies lors de l'attaque au gaz Sentox.

LES LOCAUX DE LA CAT

La CAT de Los Angeles est située dans un immeuble anonyme en béton et en acier renforcé. L'adresse est confidentielle. L'intérieur est un modèle d'« immeuble intelligent » ultrasécurisé, conçu pour une efficacité maximale dans le soutien logistique des équipes de terrain et l'analyse instantanée des données recueillies sur des complots terroristes en cours. La CAT est équipée d'un héliport, d'une clinique médicale, de salles d'interrogatoire, d'observation et de détention, et possède un parc informatique des plus performants fonctionnant vingt-quatre heures sur vingt-quatre. On y trouve également plusieurs salles de conférences, une salle de réunion pour les analystes, les services administratifs de la présidence et des bureaux mis à la disposition des fonctionnaires du Département, de la CIA ou d'autres administrations de passage à la CAT. La cellule dispose aussi des toutes dernières technologies audiovisuelles et d'équipements de communication ultrarapides par satellite et à fibre optique.

PREMIER ÉTAGE

Le premier étage de l'immeuble actuellement occupé par la CAT est bien plus spacieux qu'avant (le changement de locaux s'est fait entre les « journées 3 » et « 4 »). Voici une large vue de la salle de réunion, avec le poste de travail de Chloe O'Brian sur la gauche, la passerelle au fond et, sur la droite, l'escalier menant à celle-ci et aux bureaux du deuxième étage.

LA SALLE DE CONFÉRENCES

La principale salle de conférences de la CAT est moins sûre que la salle des situations. C'est pourquoi elle n'est utilisée que pour les planifications à long terme, préparations et autres réunions de travail, tandis que la salle des situations est réservée aux réunions ultraconfidentielles et aux urgences absolues. Les deux pièces sont équipées du même système d'éclairage de faible intensité et d'un grand écran plasma mural Panasonic. La salle de conférences comporte également trois ordinateurs Dell 2007WFP à écran LCD 50 centimètres et peut accueillir jusqu'à quinze participants assis.

REZ DE CHAUSSEE

LA SALLE DES INTERROGATOIRES

La salle des interrogatoires de la CAT est sujette à controverse (ici représentée avec le détecteur de mensonges et le sérum de vérité). C'est là que les suspects sont interrogés, parfois secrètement, dans les situations désespérées, en violation de la loi. La salle dispose d'un miroir sans tain pour que les officiels puissent assister aux interrogatoires (comme Jack Bauer ci-dessous) sans être vus.

Salle d'interrogatoire

Salle de conférence

Couloir

Salle d'observation

Salle de réunion

LA CLINIQUE MÉDICALE

Bien que son équipe pratique régulièrement des miracles, la clinique médicale de la CAT a été le cadre d'événements dramatiques tels que la mort de Paul Raines ou le meurtre de Tony Almeida. Plus tragique encore, la mort de Maya, la fille d'Erin Driscoll. Maya, schizophrène, est placée sous surveillance à la clinique au cours de la « journée 4 » alors que sa mère est en charge de la contre-offensive de la CAT, qui est en situation de crise. Déroutée, effrayée, elle se tranche les veines et se vide de son sang avant que l'équipe médicale ne la découvre.

PREMIER ÉTAGE

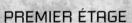

Bureau

Bureaux des directeurs

TONY ALMEIDA

Durant sa carrière à la CAT, la vie de Tony Almeida est ponctuée de bonheurs intenses et de moments particulièrement douloureux – jusqu'à ce qu'il soit assassiné par Christopher Henderson. Il passe de la direction de la CAT de Los Angeles à la prison pour trahison, puis il est libéré en vertu de la grâce présidentielle. Sa carrière et son mariage sont anéantis. Il tente péniblement de reconstruire sa vie, mais la mort le frappe trop tôt.

Almeida grandit dans un quartier difficile du sud de Chicago, obtient plusieurs diplômes en informatique, s'engage dans les marines, où il est tireur d'élite et expert en arts martiaux, puis travaille comme analyste informatique pour des sociétés privées. Il est alors recruté par la CAT de Los Angeles, dont il gravit les échelons jusqu'à devenir directeur adjoint puis agent spécial en chef, ce qui fait de lui l'un des plus proches collaborateurs de Jack Bauer. Au cours de la « journée 4 », avec l'appui de ce dernier, Almeida lutte pour sa réhabilitation. Il sauve les vies de Bauer et d'Audrey Raines, contribue à enrayer le complot terroriste fomenté par Habib Marwan et reconquiert en même temps le cœur de Michelle Dessler.

LE GRAND AMOUR
Tony Almeida et son épouse et collègue Michelle Dessler partagent un tendre moment. Une histoire d'amour heureuse est quasi impossible dans l'univers de l'espionnage. Ils se séduisent durant leur collaboration à la CAT au cours de la « journée 2 », se marient entre la « journée 2 » et la « 3 », à l'issue de laquelle ils se séparent, après la sortie de prison d'Almeida, et se réconcilient pendant la « journée 4 », alors qu'ils sont amenés à collaborer de nouveau au sein de la CAT.

FICHE SIGNALÉTIQUE

STATUT ACTUEL : décédé

LIEU DE NAISSANCE : Chicago (Illinois)

SITUATION DE FAMILLE : marié à Michelle Dessler, mais veuf au moment de son décès

ENFANTS : sans

DIPLÔMES :
– Maîtrîse en informatique (Université de Stanford)
– Licence en ingénierie et informatique (Université publique de San Diego)

GRADES MILITAIRES :
– Corps des marines des États-Unis, 1er lieutenant
– École de reconnaissance et de tir d'élite, 3e bataillon de marines
– École de surveillance et de désignation de cibles, 1er bataillon de marines

EXPÉRIENCE PROFESSIONNELLE :
– Directeur d'une société privée de sécurité technologique
– Affiliation temporaire à la CAT de Los Angeles, sur ordre du secrétaire à la Défense Heller
– Relevé de ses fonctions à la CAT pour cause d'acte criminel, grâcié par le président David Palmer
– CAT (unité de Los Angeles) : agent spécial commandant
– CAT (unité de Los Angeles) : directeur adjoint Transmeta corporation, analyse et validation de systèmes

COMPÉTENCES :
instructeur diplômé de krav maga (technique de combat à mains nues)

INTERROGATOIRE

Au cours de la « journée 4 », c'est grâce à sa talentueuse maîtrise des techniques d'interrogatoire que Tony Almeida obtient pour la CAT des pistes sérieuses concernant le complot terroriste préparé par Habib Marwan. Il détermine le point faible de Dina Araz – sa volonté de protéger son fils Behrooz – et l'utilise en plaçant le destin de ce dernier dans la balance. La mère finit par craquer et permet enfin à la CAT d'identifier Marwan.

AUX COMMANDES

Ses talents de tacticien, ses compétences en informatique et ses états de service valent à Tony Almeida un poste de personnel encadrant au sein de la CAT. Rapidement, il gravit les échelons jusqu'au poste de directeur adjoint puis celui d'agent spécial responsable, une place qu'il occupera plusieurs années avant sa destitution au cours de la « journée 3 ».

Mandy envoie à Michelle une photo prouvant qu'elle détient son mari en otage. Michelle suit le protocole, informe ses supérieurs et déclenche un plan de sauvetage.

OTAGE

Au cours de la « journée 4 », Tony Almeida est envoyé sur le terrain à la recherche de pistes pouvant conduire à Habib Marwan. Il est enlevé par Mandy (à gauche). Elle cherche à l'utiliser pour fuir, mais Bauer déjoue le plan élaboré et sauve son collègue. Mandy échange alors des informations sur la localisation de Marwan contre une grâce présidentielle. Sa situation actuelle reste floue.

FACE-À-FACE AVEC LA MORT

Almeida survit miraculeusement après qu'une balle l'a touché au cou. Il dirige la CAT quand on trouve une piste à propos du virus Cordilla. La CAT repère Kyle Singer, un jeune homme qui ignore qu'il pourrait être porteur du virus. L'agent se charge personnellement de mettre la main sur lui, mais il se fait tirer dessus par un homme de main d'Hector Salazar, qui enlève le jeune homme. Almeida plonge quelques heures dans le coma. Plus tard, il reprendra ses fonctions.

Tony Almeida est sériensement blessé au cou durant la « journée 3 ». Un homme de Salazar lui a tiré dessus alors qu'il était sur les traces de Kyle Singer.

Ci-dessus : Tony Almeida, témoin de l'explosion de la voiture de Michelle Dessler, se précipite pour secourir sa femme, mais il est déjà trop tard (ci-dessous). Quelques instants plus tard, il est grièvement blessé dans l'explosion du réservoir du véhicule.

VICTIMES DE LA CONSPIRATION

Tony et Michelle sont rattrapés par leur vie passée : ils se trouvent malgré eux plongés au cœur de la conspiration fatale de la « journée 5 », car ils ont aidé Jack Bauer à entrer en clandestinité dix-huit mois auparavant. Au cours de cette journée, les quatre personnes qui ont soutenu Bauer sont prises pour cibles : le président David Palmer, Dessler, Almeida, et Chloe O'Brian. Palmer est assassiné, Dessler meurt dans l'explosion criminelle de sa voiture et Almeida est tué par Christopher Henderson dans les locaux de la CAT. Seule O'Brian s'en sort, grâce à Bauer. La raison de ces exécutions est celle-ci : il s'agit d'empêcher Palmer de révéler un complot visant à l'appropriation des ressources pétrolières de l'Asie par les États-Unis, sous couvert d'une menace terroriste montée de toutes pièces pour brouiller les pistes.

TONY ALMEIDA

C'est une ironie cruelle qui frappe Tony Almeida quand la vie lui est brutalement ôtée alors qu'il est enfin parvenu à mener une existence heureuse avec Michelle Dessler, sa femme. Ils ont quitté la CAT, ont fondé une entreprise de sécurité et vivent en banlieue quand débute la « journée 5 » et qu'ils apprennent l'assassinat de David Palmer. Michelle décide alors de rejoindre la CAT pour participer à l'enquête. Mais elle meurt dans l'explosion criminelle de sa voiture. Tony, grièvement blessé dans l'attentat, est transporté à la clinique de la CAT pour y être soigné et protégé. Il découvre alors le plan visant à éliminer ceux qui ont aidé Jack Bauer à disparaître, et le rôle de Christopher Henderson dans cette affaire. Comme il n'a pas l'instinct d'un tueur, il n'abat pas Henderson à la clinique – et c'est lui qui est tué par surprise, dans un moment d'inattention.

Tony Almeida apprend par Stephen Saunders que celui-ci détient Michelle en otage.

L'agent force un gardien à relâcher la fille de Saunders.

Almeida est arrêté et incarcéré pour avoir voulu libérer Michelle.

DISGRÂCE

Au cours de la « journée 3 », l'agent fait face à un dilemme : le devoir ou la famille ? Quand Stephen Saunders enlève Michelle et l'utilise comme un moyen de pression pour convaincre Almeida de l'introduire dans les locaux de la CAT afin de faire évader sa fille, il choisit de sauver sa femme au détriment de l'intérêt national. Dessler est finalement délivrée et Saunders arrêté, mais Tony est licencié et incarcéré, car son choix l'a rendu coupable de trahison.

Il quitte la CAT en état d'arrestation : il est accusé de trahison et risque la perpétuité, ou même la peine de mort.

LA MORT DE TONY

Tony Almeida n'a pas la capacité que possède Jack Bauer de tuer quand les circonstances l'exigent – et il périra à cause de cela. Placé à la clinique médicale de la CAT en présence de l'homme qui a tué sa femme au cours de l'attaque au gaz neurotoxique Sentox, durant la « journée 5 », il décide de se venger de Christopher Henderson en lui injectant une dose fatale de penthotal, le sérum de vérité qu'on utilise pour les interrogatoires. Mais Almeida hésite, et Henderson en profite pour lui planter la seringue en pleine poitrine. Il meurt quelques instants plus tard dans les bras de Jack Bauer, tandis que le criminel s'échappe.

Tony hésite (en haut), doutant de pouvoir tuer Henderson de sang-froid, lequel n'aura pas la même hésitation.

Tony est en train de mourir : la dose fatale de penthotal se répand dans son organisme.

Une fois de plus, Jack Bauer est témoin de la mort d'un de ses amis, en l'occurrence Tony Almeida. Il arrive trop tard pour empêcher la fuite d'Henderson et ne peut que soutenir son ami et allié dans ses derniers instants.

MICHELLE DESSLER

Michelle Dessler fait preuve d'un courage, d'une loyauté, d'un sens du commandement et d'une clarté d'esprit irréprochables en toutes circonstances, même dans les moments les plus difficiles, lorsqu'elle doit à la fois gérer sa relation complexe avec Tony Almeida et son rôle à la CAT. Ses qualités éclatent au grand jour lors de la « journée 3 », au cours de laquelle elle pénètre, en toute connaissance de cause et sans la moindre hésitation, dans le Chandler Plaza Hotel, alors placé en quarantaine, pour y trouver des indices cruciaux. Sans tenue protectrice, elle risque de s'exposer à un virus mortel. Mais elle sacrifie aussi sa carrière à deux reprises pour être avec Tony : la première fois, lorsqu'il est emprisonné dans l'État de Washington, elle demande sa mutation pour être auprès de lui. La deuxième fois, après la « journée 4 », elle démissionne de la CAT pour donner une nouvelle chance à leur mariage.

Diplômée en informatique à l'université Davis de Californie, elle travaille tout d'abord dans l'industrie informatique avant d'être recrutée par la CAT pour sa maîtrise des systèmes de sécurité informatique. Elle gravit rapidement les échelons et passe d'un travail de subordonnée au poste de responsable du protocole Internet, puis à celui d'agent spécial responsable. Mais, arrivée à ce niveau, elle privilégie sa relation avec Tony, et les choses évoluent au mieux pour le couple lorsqu'elle meurt dans l'explosion de sa voiture, à l'aube de la « journée 5 ».

RÉUNIS

Michelle rend visite à Tony à l'hôpital, au cours de la « journée 3 », peu après qu'il est sorti du coma dans lequel une balle l'avait plongé. C'est un moment de liberté rare pour elle, qui a dû rester à son poste à la CAT pendant l'opération chirurgicale de son mari : Tony ayant été neutralisé, elle avait dû prendre le commandement.

FICHE SIGNALÉTIQUE

STATUT ACTUEL : décédée

LIEU DE NAISSANCE : information classée top secret

SITUATION DE FAMILLE : remariée à Tony Almeida (au moment de son décès)

ENFANTS : sans

PARENTS : Danny Dessler (frère)

EXPÉRIENCE PROFESSIONNELLE :
– Agent spécial responsable adjoint de division, CAT
– Agent secret, CAT de Los Angeles
– Responsable du protocole Internet, CAT de Los Angeles
– DARPA : groupe de travail sur les systèmes de très haute sécurité
– Institut national technologique, division de la sécurité informatique

DIPLÔMES : diplôme de sciences, spécialisation en informatique (université Davis de Californie)

EXPERTISE INFORMATIQUE :
– Architecture Built IPSec
– Scripts d'attaque
– Vulnérabilités informatiques
– Détection des intrusions
– Sécurité opérationnelle résistant aux intrusions
– Virus

Michelle Dessler prend fermement les choses en main pour s'assurer que personne n'entre ni ne sorte du Chandler Plaza Hotel afin d'éviter que le virus mortel ne se répande.

L'HORREUR SE RÉPAND

Au cours de la « journée 3 », les clients du Chandler Plaza Hotel sont exposés au virus Cordilla : cela fait partie du plan terroriste de Stephen Saunders. Michelle Dessler est en charge de l'équipe envoyée sur les lieux, mais elle pénètre dans le bâtiment sans tenue de protection. Elle ne parvient pas à empêcher le virus de se répandre : c'est donc elle qui a la lourde tâche d'informer les clients de l'hôtel de leur sort funeste – et de les empêcher de s'enfuir, fournissant à ceux qui le désirent des pilules mortelles. Par miracle, Dessler fait partie du petit nombre de survivants, grâce à une immunité naturelle contre le virus.

Michelle Dessler interroge Marcus Alvers et tente de le forcer à lui avouer où il a déversé le virus.

Michelle essaie de calmer et de contrôler les clients de l'hôtel tandis que l'horrible réalité de la libération du virus leur est révélée.

MARI ET FEMME

Malgré toutes ses tragédies, la « journée 4 » a quand même eu une influence positive sur la vie de Michelle. C'est le jour où Tony est revenu à la CAT après sa disgrâce, pour y trouver son ex-femme aux commandes. Au début, elle se méfie de lui à cause de ses agissements récents, et garde ses distances. Mais, finalement, elle recommence à travailler à ses côtés et reprend peu à peu confiance en lui, à tel point que, durant la « journée 5 », ils seront de nouveau ensemble.

DANGER DE MORT

Des images vidéo visionnées en direct par Tony lui montrent Michelle menacée de mort par Stephen Saunders après son enlèvement (« journée 3 »). La tactique, qui consiste à s'assurer la coopération d'Almeida, fonctionne parfaitement : ignorant les supplications de la jeune femme, l'agent accepte d'aider Saunders à libérer sa fille, détenue par la CAT, s'il promet d'épargner son épouse.

Michelle Dessler et Tony Almeida sont représentés ici dans les derniers instants de leur vie commune, à l'aube de la « journée 5 ». Quelques minutes plus tard, Michelle sera morte, Tony gravement blessé, et leur histoire d'amour prendra fin.

NINA MYERS

Durant plusieurs années, Nina Myers a semblé être l'alliée la plus précieuse de Jack Bauer à la CAT. Pendant une brève période, elle a aussi été sa maîtresse. Après la « journée 1 », toutes ces certitudes sont anéanties : c'est un vaste et complexe mensonge qui a été mis sur pied par un agent double sans scrupule – Nina Myers. Non seulement elle a trahi Bauer, mais elle a aussi assassiné sa femme. L'agent n'a donc aucun remords à la tuer au cours de la « journée 3 », quelque quatre ans et demi plus tard. Avant la « journée 1 », Myers est officiellement recensée comme une femme très cultivée, issue de la région de Boston, qui a travaillé pour des industries privées et pour le gouvernement avant d'entrer à la CAT pour occuper le poste d'assistante de l'agent spécial responsable sous la direction de Christopher Henderson. Après le départ d'Henderson de la CAT, elle est devenue le chef de service de Bauer et a travaillé à ses côtés pendant sept ans… en tant qu'agent infiltré. Après la « journée 1 », la CAT a officiellement classé top secret toutes les informations la concernant, ce qui empêche de connaître la vérité sur son curriculum avant son entrée dans la cellule. On sait avec certitude qu'elle travaillait pour une organisation criminelle basée en Allemagne sous le pseudonyme de Yelena. Elle parlait couramment plusieurs langues et était une tueuse sans merci.

TRAHISON ULTIME

Percée à jour, Nina Myers bâillonne Teri Bauer, terrifiée. La « journée 1 » touche à sa fin et elle prépare sa fuite dans un local technique de la CAT. Teri a entendu par hasard Nina parler à son complice – et c'est à cause de cela qu'elle est tuée de sang-froid. Peu après, Myers tente de s'évader l'arme au poing, mais elle est capturée par Jack Bauer et arrêtée avant qu'il ne soit informé du meurtre de sa femme.

INTENTIONS

Lors de la « journée 1 », Nina Myers vient en aide à la famille Drazen. Elle n'agit pas par loyauté envers elle, ni par intérêt pour sa haine envers Jack Bauer, mais simplement parce que ses mystérieux employeurs allemands l'ont « prêtée » à ces gens. Il est évident que Myers a espionné la CAT durant de nombreuses années et que les Drazen ne représentent qu'une mission de plus. Puisqu'elle a servi des causes totalement divergentes, il est peu probable qu'elle ait eu des arrière-pensées politiques. Elle a plutôt choisi sa double vie par appât du gain.

ARRÊTÉE

Au cours de la « journée 2 », Jack Bauer capture de nouveau Nina Myers, après l'avoir forcée à le mener jusqu'à son contact de l'organisation Deuxième Vague. L'agent a découvert que la taupe a vendu des plans de la CAT au groupe terroriste. Il la fait donc libérer de prison pour qu'elle l'aide à déjouer les plans des criminels, qui incluent la menace d'une attaque nucléaire. Myers mène Bauer jusqu'à son contact et tente de s'échapper sans succès.

FICHE SIGNALÉTIQUE

CLASSÉ TOP SECRET

La CAT a officiellement classé top secret le dossier de Nina Myers, étant donné l'enquête en cours sur ses liens avec les réseaux terroristes globaux.

Nina Myers et Jack Bauer se font face une nouvelle fois à Mexico au cours de la « journée 3 ». La jeune femme capture l'agent, ignorant ses véritables intentions.

AGENT INFILTRÉ

Myers réapparaît à Mexico pour la « journée 3 », où elle tente d'intervenir en tant qu'intermédiaire dans l'achat du virus Cordilla à Michael Amador. Là, elle se trouve en compétition avec Jack Bauer, qui dit représenter les frères Salazar. Cette fois, c'est lui qui joue l'agent infiltré : il fait croire qu'il a quitté la CAT. Finalement, il capture Myers encore une fois et la ramène à la cellule, où a lieu leur ultime confrontation.

Nina Myers, toujours aussi cruelle, tente d'embrasser Jack Bauer, espérant découvrir ses véritables intentions.

LE MEURTRE DE JACK BAUER

Pendant la « journée 2 », Nina Myers fait prisonnier Jack Bauer et prévoit de l'abattre le plus vite possible. Elle attend cependant des nouvelles du président David Palmer concernant la grâce qu'elle a exigée pour l'acte qu'elle s'apprête à commettre. La réponse tardive de Palmer sauve la vie de Bauer : il se déplace de façon à ce que les snipers de la CAT puissent tirer sur Myers, qui hésitait encore.

AUTODÉFENSE ?

La vie de Nina Myers prend fin durant la « journée 3 », lorsque Jack Bauer la piège dans le local technique où elle a tué Teri. Dans son témoignage, l'homme assure que Myers, blessée, a tenté de prendre son arme et qu'il l'a donc abattue. L'image de la caméra de surveillance est brouillée : seul Bauer connaît la vérité sur ce qui s'est passé.

CHLOE O'BRIAN

Après son transfert de l'unité locale de la CAT de Washington-Baltimore à celle de Los Angeles, juste avant la « journée 3 », l'analyste en chef Chloe O'Brian a su prouver qu'elle était particulièrement douée pour l'analyse de données et la programmation. Elle est aussi un élément clé des forces de la CAT dans leur lutte contre le terrorisme, et une alliée loyale de Jack Bauer. D'ailleurs, cette loyauté exacerbée pour l'agent, ses collègues et sa mission – au détriment des procédures officielles de la CAT – ont régulièrement mis en péril sa carrière. Au cours de la « journée 3 », elle a même pensé que son poste était menacé. À la fin de la « journée 4 », elle est l'une des rares personnes à savoir que Jack Bauer est en vie – une information qui manque de lui coûter la vie lors de la « journée 5 ».

Ce même jour, malgré la désapprobation de sa hiérarchie, elle aide Bauer, de façon illicite, à enquêter sur l'assassinat de David Palmer et à amener le président Logan devant les tribunaux. Vers la fin de la « journée 6 », elle dévoile qu'elle est enceinte.

RELATION PERSONNELLE

L'ex-mari de Chloe O'Brian, Morris, un ingénieur brillant qui soigne son alcoolisme, la rejoint vers la fin de la « journée 5 », lorsqu'elle fait appel à lui en tant qu'analyste externe. Plus tard, il la console après la mort d'Edgar Stiles. Lors de la « journée 6 », il travaille à la CAT comme analyste, en concurrence avec elle – jusqu'à ce qu'il apprenne qu'elle porte son enfant.

CONGÉDIÉE

Chloe O'Brian est interpellée lors de la « journée 4 » sur ordre d'Erin Driscoll, le directeur de la CAT, car elle vient en aide à Jack Bauer sans autorisation. Plus tard, Driscoll lui laisse le choix entre démissionner ou être traînée en justice, et la jeune femme quitte l'unité. Mais, quelques heures plus tard, Michelle Dessler remplace Driscoll et réintègre O'Brian au sein de l'équipe. Malgré ses réserves, Chloe consent à revenir, car Dessler lui a expliqué que le succès de la mission de Jack Bauer dépendait d'elle.

FICHE SIGNALÉTIQUE

ÂGE : information classée top secret

LIEU DE NAISSANCE : information classée top secret

SITUATION DE FAMILLE : divorcée (de Morris O'Brian)

ENFANTS : sans

DIPLÔMES : licenciée ès sciences en informatique (université Davis de Californie)

EXPÉRIENCE PROFESSIONNELLE :
– Analyste en chef (unité locale de la CAT de Los Angeles)
– Agent spécial (unité locale de la CAT de Los Angeles)
– Responsable du protocole Internet (unité locale de la CAT de Los Angeles)
– Agent spécial (unité locale de la CAT de Washington-Baltimore)

COMPÉTENCES :
– A bâti l'architecture d'IPSec
– Scripts d'offensive, vulnérabilités informatiques, détection des intrusions, tests de pénétration, sécurité opérationnelle, maîtrise des virus Creberus et PlutoPlus

STATUT ACTUEL : active

SITUATION DÉSESPÉRÉE

Jack Bauer calme Chloe O'Brian, terrifiée, après leurs retrouvailles dans une raffinerie de pétrole abandonnée, au début de la « journée 5 » : elle se rend compte qu'elle et tous ceux qui savent que l'agent est en vie sont menacés de mort. Elle contacte donc Bauer, faisant surgir la vérité sur sa mort simulée plus de vingt mois auparavant, à la fin de la « journée 4 », et l'oblige à sortir de l'ombre. Au cours de la « journée 5 », Bauer retrouve O'Brian et la libère des griffes de malfrats qui travaillent pour les assassins du président David Palmer. Puis il élimine le meurtrier.

NON AUTORISÉ

Lors de la « journée 5 », Chloe O'Brian travaille avec Bill Buchanan chez lui après qu'ils ont quitté la CAT – le Département de la sécurité intérieure ayant pris le contrôle de l'agence. Buchanan est injustement accusé d'avoir mis en péril la sécurité de la cellule antiterroriste, et O'Brian est relevée de ses fonctions et arrêtée. Buchanan rentre chez lui, et la jeune femme s'évade pour l'aider à pourchasser Christopher Henderson et à trouver les indices qui impliquent le président Charles Logan. Avant son interpellation, elle parvient à se connecter au satellite de données de la CAT, à découvrir où se trouvent les preuves et à transmettre à Jack Bauer des informations capitales sur le messager qui les transporte.

PERTE TRAGIQUE

Malgré leurs difficultés communes à s'intégrer et leurs altercations régulières, Chloe O'Brian et Edgar Stiles se sont peu à peu rapprochés alors qu'ils travaillaient ensemble à la CAT. Cette période commence juste avant le début de la « journée 4 » et s'achève tragiquement par la mort d'Edgar au cours de l'attaque au gaz neurotoxique lors de la « journée 5 ». Chloe est profondément bouleversée par cette mort inattendue.

EDGAR STILES ET LES ANALYSTES DE LA CAT

Edgar Stiles est gros, timide, et il s'intègre difficilement. Mais sa mémoire photographique et ses talents de rassembleur de données font de lui un atout majeur de la CAT. Au cours de la « journée 4 », notamment, il s'est retrouvé en première ligne, héros inattendu dans la crise de la fusion du réacteur nucléaire provoquée par Habib Marwan. Il est l'un des analystes qui trouvent le moyen d'ordonner à quatre-vingt-dix-huit centrales nucléaires sur l'ensemble du territoire de s'éteindre avant qu'elles n'atteignent leur masse critique et explosent. Il parvient à empêcher toutes les fusions de réacteurs – sauf une, sur l'île de Saint-Gabriel. Cette tragédie se solde par la mort de sa mère, qui le laisse seul au monde. Il poursuit sa carrière à la CAT et finit par se lier d'amitié – maladroitement – avec sa collègue et superviseur, Chloe O'Brian. Tragiquement, la vie de Stiles prend fin pendant la « journée 5 » dans l'attaque de la CAT au gaz Sentox.

FICHE SIGNALÉTIQUE

STATUT ACTUEL : décédé

LIEU DE NAISSANCE : information classée top secret

SITUATION DE FAMILLE : célibataire

ENFANTS : sans

PARENTS : Lucy Stiles (mère, décédée)

EXPÉRIENCE PROFESSIONNELLE :
– Analyste de données (unité locale de la CAT de Los Angeles)
– Responsable du protocole Internet (unité locale de la CAT de Los Angeles)

DIPLÔMES :
licencié ès sciences, applications informatiques, avec mention (université de New York)

COMPÉTENCES INFORMATIQUES :
systèmes opérateurs, extraction d'informations, systèmes de distribution, réseaux sans fil

À L'AFFÛT

Lors de la « journée 4 », Edgar Stiles a travaillé aux côtés de l'analyste de la CAT Sarah Gavin (à gauche). Tout en luttant pour empêcher l'explosion de plusieurs centrales nucléaires (que l'on voit sur l'écran de contrôle, ci-dessus), il la blanchit des accusations d'espionnage dont elle fait injustement l'objet : la véritable taupe, Marianne Taylor, tente de faire porter le chapeau à Gavin, mais Stiles découvre la vérité et dénonce l'autre comme étant la véritable menace.

ENFERMÉ DEHORS

Ironiquement, c'est son souci des autres et sa gentillesse qui cause la mort d'Edgar Stiles dans l'attaque de la CAT au gaz neurotoxique, pendant la « journée 5 ». Au début du drame, il quitte son poste pour partir à la recherche d'une collègue manquante, Carrie Bendis. À son retour, la salle des situations est verrouillée. Stiles s'écroule et meurt sous les yeux horrifiés de ses collègues qui, de l'autre côté de la paroi de verre, assistent à la scène.

MILO PRESSMAN

Pressman est un spécialiste du langage informatique particulièrement doué pour décoder des données cryptées. Il apporte une aide cruciale à Jack Bauer durant les « journées 1 et 6 ». Au cours de la « journée 6 », il prouve aussi sa valeur sur le terrain en sauvant la vie de Marilyn Bauer. Durant la « journée 1 », il décode des données trouvées sur la carte d'accès de Richard Walsh et aide Bauer à découvrir qu'Alexis Drazen est impliqué dans le complot. Plus tard, Pressman rejoint la CAT en tant qu'analyste en chef ; il est pour un temps transféré à l'unité locale de Denver. Il revient à Los Angeles avant la « journée 6 » et tombe amoureux de Nadia Yassir dès le premier jour. Vers la fin de cette journée, il lui sauve la vie au prix de la sienne : il affirme aux commandos chinois qui investissent la CAT qu'il est le responsable des lieux, et il est alors aussitôt abattu.

JAMEY FARRELL

Avant la « journée 1 », Jamey Farrell est l'une des programmeuses les plus importantes de la CAT. Mais on découvre au cours de cette journée qu'elle a fait de l'appât du gain a fait d'elle une taupe contrôlée par Ira Gaines. Après avoir été démasquée, elle perd la tête et, vraisemblablement, se suicide. Mais on découvre plus tard qu'elle a en fait été assassinée par Nina Myers pour l'empêcher de révéler le lien entre Gaines et les Drazen.

SCOTT BAYLOR

Baylor est l'analyste de données qui découvre que la carte d'accès de Richard Walsh contient des informations secrètes encodées en rapport avec la menace qui pèse sur David Palmer – ce qui prouve que, au cours de la « journée 1 », une taupe est présente à la CAT. Se sentant menacé, Baylor remet la carte d'accès à Walsh et se prépare à disparaître. Mais il est trahi par la taupe de la CAT, Jerry Farrell, et abattu.

CARRIE TURNER

Les relations entre Michelle Dessler et l'analyste Carrie Turner sont tendues dès l'arrivée de Dessler, au cours de la « journée 2 » : Turner a autrefois brisé le mariage du frère de Michelle. L'analyste informe Ryan Chappelle des tentatives de la jeune femme pour venir en aide à Jack Bauer. Elle tente même de faire chanter Tony Almeida afin qu'il lui attribue un poste au-dessus de Dessler. Elle quitte la CAT à la fin de la « journée 2 ».

PAULA SCHAEFFER

Schaeffer rejoint la CAT au cours de la « journée 2 ». Elle prouve immédiatement sa valeur malgré ses angoisses au sujet d'une menace nucléaire qui pèse sur L.A. Lorsqu'une bombe explose à la CAT, elle est gravement blessée ; de plus, les données cryptées sont sur le point d'être perdues. George Mason donne l'ordre de réveiller l'analyste pour qu'elle décrypte les informations subsistantes.

ADAM KAUFMAN

Kaufman rejoint la CAT entre les « journées 2 et 3 ». Il s'oppose régulièrement à Chloe O'Brian et à Kim Bauer. Lors de la « journée 3 », il découvre Kim, qui a été attachée par Gael Ortega, ce qui conduit l'agence à comprendre que celui-ci est en mission secrète pour Jack Bauer. Plus tard, Kaufman apprend que sa sœur a été infectée par le virus Cordilla. Il finit par démissionner de la CAT.

SARAH GAVIN

Au cours de la « journée 4 », Marianne Taylor, une taupe infiltrée au sein de la CAT, piège Sarah Gavin : elle fabrique des preuves qui montrent que c'est l'analyste qui est l'espionne. Sarah est arrêtée et, sur les ordres d'Erin Driscoll, Edgar Stiles prouve son innocence, mais elle exige une promotion en compensation de ses souffrances. Michelle Dessler refuse de la lui accorder, la met à la porte et la remplace par Chloe O'Brian.

MARIANNE TAYLOR

C'est une consultante qui a autrefois fréquenté Curtis Manning. Elle arrive à la CAT lors de la « journée 4 ». Henry Powell l'a engagée pour qu'elle infiltre la cellule et le seconde tandis qu'il vient en aide à Habib Marwan, qui cherche à utiliser le système de contrôle Dobson. Mais elle est démasquée et capturée par Manning. Elle accepte de l'aider à localiser des dossiers dans le bureau de Powell.

SPENSER WOLFF

Spenser Wolff est un analyste dont Walt Cummings, le chef de cabinet du président Logan, manipule au cours de la « journée 5 » : il accède à des données protégées et fait pénétrer – sans le savoir – un assassin dans l'enceinte de la CAT, avant que Chloe O'Brian ne s'en rende compte. Plus tard, Wolff se rachète en aidant la cellule à prendre le contrôle du système de sécurité d'un emplacement stratégique. Malgré tout, il est licencié pour son double jeu.

CARRIE BENDIS

Lors de la « journée 5 », Bendis contribue à la mise à pied de Lynn McGill, alors chef de la CAT. Elle sera finalement tuée. La déchéance de McGill, due à la pression subie au cours de cette journée, commence par une altercation avec Bendis. Plus tard, l'analyste enquête sur un problème dans le système de ventilation de la CAT. C'est là qu'elle est assassinée par le terroriste Ostroff, qui a contaminé les lieux avec du gaz neurotoxique Sentox.

SHARI ROTHENBERG

C'est une analyste de faible niveau, qui a attaqué ses employeurs à plusieurs reprises pour harcèlement sexuel. Elle rejoint la CAT de Los Angeles au cours de la « journée 5 ». Ses connaissances scientifiques permettent d'empêcher Vladimir Bierko de libérer les vapeurs neurotoxiques du Sentox à la compagnie de gaz Wilshire. Elle découvre aussi que Chloe O'Brian soutient secrètement Jack Bauer. Plus tard, celle-ci l'obligera à l'aider à s'échapper.

VALERIE HARRIS

Lorsque le Département de la sécurité intérieure absorbe pour une courte durée la CAT, vers la fin de la « journée 5 », Valerie Harris est désignée pour prendre la place d'O'Brian en tant qu'analyste en chef. On lui confie la traque Audrey Raines, et elle aide à découvrir que Raines et Bauer travaillent en dehors des circuits officiels à rassembler des preuves contre le président Logan.

MORRIS O'BRIAN

O'Brian est l'ex-mari de Chloe ; c'est un génie de l'analyse et un alcoolique en cours de traitement. Il est passé d'analyste en chef à marchand de chaussures. Il rejoint la CAT en tant que consultant lors de la « journée 5 », et aide Jack Bauer. Lors de la « journée 6 », il est enlevé et torturé par Abu Fayed, qui le force à fabriquer un système de mise à feu pour une bombe nucléaire. Mais, par la suite, il aide efficacement la CAT à contrer la menace.

BILL BUCHANAN

Bill Buchanan est un des fonctionnaires de la CAT qui, jusqu'à récemment, occupait le poste d'agent spécial responsable de l'unité de Los Angeles. Il débute sa carrière à la CAT en qualité d'agent de terrain à New York, puis comme analyste d'informations, personnel encadrant au bureau de Seattle et agent commandant en second de l'unité de Los Angeles. Il accède à la direction du bureau de L.A. avant la « journée 4 », dans le cadre de la réorganisation hiérarchique de la CAT, et occupe le poste d'agent spécial responsable pendant une longue période. Il est néanmoins contraint de se placer sous le commandement de Lynn McGill, qui ira jusqu'à le faire arrêter au cours de la « journée 5 ». Par la suite, après qu'il a réintégré ses fonctions et que la cellule a été la cible d'une violente attaque terroriste, l'agence est placée sous la responsabilité du Département de la sécurité intérieure (DSI) : il est écarté au profit de Karen Hayes, une fonctionnaire du DSI. Elle lui sera finalement d'un grand soutien et, plus tard même, l'épousera. À l'issue de la « journée 5 », Buchanan réintègre ses fonctions dirigeantes à la CAT, mais il se fait renvoyer au cours de la « journée 6 », victime d'une manipulation politique. Plus tard, il risque sa vie pour aider Jack Bauer à sauver celle de son neveu, Josh, et il est alors poussé vers la retraite.

RESSOURCES HUMAINES

Une partie du travail de Buchanan consiste à gérer les fortes personnalités qui composent le personnel de la CAT et leurs conflits. Fort de son expérience personnelle, il sait mieux que quiconque que la cellule est un groupe d'êtres humains faillibles, engagés dans des alliances difficiles et subissant un grand stress. Parfois, il s'agit de faire preuve de douceur, par exemple lorsqu'il donne à Chloe O'Brian cette photo d'elle et d'Edgar Stiles, comme on le voit ici. D'autres fois, il doit prendre des décisions difficiles, comme lorsqu'il doit ordonner l'interrogatoire de Nadia Yassir (« journée 6 »).

CLAUSE 112

Au cours de la « journée 5 », le comportement paranoïaque de Lynn McGill et les décisions douteuses qu'il prend, dont l'arrestation de Bill Buchanan, amènent les membres du personnel de la CAT à s'interroger sur ses capacités à diriger le service. Finalement, l'agent Curtis Manning invoque – fait extrêmement rare – la clause 112 du règlement intérieur de la CAT : elle permet à l'agent commandant en second de relever de ses fonctions son supérieur hiérarchique s'il l'estime mentalement défaillant. Manning fait valoir cette clause, place McGill aux arrêts, informe le bureau, et Buchanan reprend rapidement le commandement.

PARTENAIRES

Bill Buchanan affronte Karen Hayes lors de la « journée 5 », peu après que celle-ci est dépêchée par le Département de la sécurité intérieure, sous la tutelle duquel est placée la CAT. Buchanan est écarté. Ils passent d'un rapport conflictuel à une étroite collaboration pour obtenir la preuve de la manipulation des événements de cette journée par le président Charles Logan. Entre les « journées 5 » et « 6 », ils commencent une liaison, puis se marient.

FICHE SIGNALÉTIQUE

ÂGE : 51 ans

SITUATION DE FAMILLE : marié à Karen Hayes

ENFANTS : sans

EXPÉRIENCE GOUVERNEMENTALE :
– Agent spécial responsable (unité de la CAT de Los Angeles)
– Agent spécial commandant en second (unité de la CAT de Los Angeles)
– Personnel encadrant (CAT, bureau de Seattle)
– Analyste d'informations (CAT, bureau de Seattle)
– Agent de terrain (unité de la CAT de New York)

DIPLÔMES : deug de lettres (université Brown)

LE RETOUR

Bill Buchanan dirige l'équipe de la CAT chargée de récupérer Jack Bauer sur l'aérodrome d'Ellis après que les autorités chinoises l'ont relâché. Les retrouvailles sont douces-amères puisque Buchanan a le triste devoir de dire à Bauer qu'il doit sa libération à un marché conclu par le président Wayne Palmer avec Abu Fayad pour qu'il soit livré au terroriste en échange d'informations capitales.

CONFRONTATION

Buchanan et le chef de division de la CAT, Lynn McGill, s'affrontent au cours de la « journée 5 », lorsque ce dernier supervise l'unité de Los Angeles. Durant cette journée, McGill prend une série de décisions malheureuses et met en doute la loyauté des membres du personnel encadrant, dont celle de Buchanan. Il le relève de ses fonctions sans raison et le fait arrêter (ci-dessous), mettant en péril l'enquête en cours sur la menace d'une attaque au gaz neurotoxique Sentox – une attaque qui, ironiquement, va frapper la CAT dans ses locaux et provoquer la mort de McGill.

DE NOUVEAU AU CŒUR DE L'ACTION

Peu après avoir été démis de ses fonctions d'agent spécial responsable de la CAT, au cours de la « journée 6 », Buchanan est sommé par Jack Bauer de l'aider à sauver son neveu Josh. Braquant le pilote, Bauer détourne l'hélicoptère censé les ramener, Buchanan et lui, à la CAT. Il lui est extrêmement reconnaissant quand Bill se glisse aux commandes de l'engin pour sauver la vie du jeune homme.

LA CHAÎNE DE COMMANDEMENT DE LA CAT

LES HAUTS FONCTIONNAIRES DE LA CAT

Étant donné la nature dangereuse, stressante et souvent politique des affaires antiterroristes, il n'est pas étonnant qu'un grand nombre de hauts fonctionnaires aient occupé les postes de commandement au cours des années. Les changements surviennent en général quand ils sont blessés ou tués, renvoyés ou arrêtés pour mauvaise gestion, démissionnent pour raisons personnelles ou sont victimes de manœuvres politiques. C'est, dans ce cas, le chef du personnel qui prend le relais, de manière temporaire ou définitive, mais les directeurs de département ou de division peuvent aussi exercer un contrôle direct. En certaines occasions, des fonctionnaires issus d'autres administrations peuvent prendre les rênes, comme ç'a été le cas du secrétaire à la Défense James Heller lors de la « journée 4 » et de Karen Hayes, de la Sécurité intérieure, lors de la « journée 5 ».

George Mason

L'histoire de George Mason est tragique. Il accède aux plus hautes fonctions de la CAT grâce à la promotion interne. Jack Bauer apporte la preuve de sa corruption au cours de la « journée 1 ». Mason est le directeur de département de la CAT de Los Angeles quand il se heurte à Bauer, avant de l'aider à déjouer une tentative d'assassinat contre David Palmer. Mais la « journée 2 » est la fin du voyage pour Mason. En tant qu'agent spécial responsable, il dirige l'enquête de la CAT concernant la menace d'une attaque terroriste nucléaire quand il est exposé à une dose mortelle de plutonium. Il démissionne, mais continue d'aider la CAT dans son enquête pour retrouver l'arme nucléaire des terroristes.

George Mason, condamné, prend la place de Jack Bauer pour une mission suicide visant à faire exploser une tête nucléaire dans le désert au cours de la « journée 2 ».

RICHARD WALSH

Walsh, directeur administratif de la CAT quand démarre la « journée 1 », est l'un des mentors de Jack Bauer. Convaincu qu'une taupe est infiltrée au sein de la CAT, il obtient à ce sujet des informations encodées et sauvegardées sur une carte à puce. Tombé dans une embuscade, il appelle Bauer à son secours et se sacrifie pour que celui-ci puisse récupérer ces données.

JACK BAUER

Quand débute la « journée 1 », Jack Bauer est agent spécial responsable de la CAT de Los Angeles, avant d'être remplacé puis réinvesti dans cette fonction sous les ordres de George Mason au cours de la « journée 2 ». Il retrouve un poste dirigeant lors de la « journée 3 », mais quitte la CAT pour le ministère de la Défense avant que ne débute la « journée 4 ». Depuis, il collabore avec la CAT à titre provisoire, sans toutefois occuper un poste de commandement.

ALBERTA GREEN

Après que Jack Bauer s'est évanoui dans la nature, au cours de la « journée 1 », Alberta Green, directrice de division, est chargée de diriger l'unité de Los Angeles. Déterminée à mettre la main sur Bauer, elle se heurte à Tony Almeida et à Nina Myers, persuadée qu'ils aident l'agent. Elle lui fait subir un interrogatoire, jusqu'à ce que le sénateur Palmer demande sa réintégration. Ryan Chappelle fait part de son désaccord et remplace Alberta Green par George Mason.

TONY ALMEIDA

Tony Almeida, jusqu'alors directeur adjoint de la CAT, prend les fonctions d'agent spécial commandant après la mort de George Mason, « journée 2 ». Il dirige l'unité quand il est blessé au cours de la « journée 3 ». Plus tard, il est arrêté et renvoyé, secours Michelle Dessler. Il revient aux commandes de la CAT quand Erin Driscoll démissionne lors de la « journée 4 » pour finir par quitter définitivement l'agence.

RYAN CHAPPELLE

Directeur de la division régionale de la CAT, il supervise l'agence sous les ordres directs du commandement de district lors des « journées 1 », « 2 » et « 3 ». Son obsession du protocole entrave le fonctionnement de l'unité, particulièrement pendant la « journée 2 ». Au cours de la « journée 3 », il participe à la traque de Stephen Saunders. Le président David Palmer charge, à contrecœur, Jack Bauer de s'acquitter de cette tâche.

BRAD HAMMOND

Hammond, directeur de division, enquête sur une série d'irrégularités de la CAT, « journées 2 » et « 3 ». Il veut faire fermer l'unité de L.A. après qu'elle a été la cible d'une attaque lors de la « journée 2 » et s'interroge sur la disparition de Ryan Chappelle. Au cours de la « journée 3 », il interroge Tony Almeida sur sa complicité supposée avec Stephen Saunders, mais lui confie la charge des opérations stratégiques pendant l'affaire du virus Cordilla.

ERIN DRISCOLL

Avant que ne débute la « journée 4 », Erin Driscoll passe du poste de fonctionnaire de division à celui d'agent spécial responsable. Illogique dans son appréhension de la situation, elle renvoie Jack Bauer dès sa prise de fonctions. Elle dirige l'unité durant la première moitié de la « journée 4 », mais son attention est accaparée par l'état de santé de sa fille placée à la clinique de la CAT. Elle quitte l'agence après que cette dernière se soit suicidée.

LYNN MCGILL

Directeur divisionnaire, Lynn McGill est détaché pour superviser l'enquête sur le gaz neurotoxique que mène la CAT de Los Angeles lors de la « journée 5 ». Incompétent, il compromet la sécurité des opérations, fait preuve d'un comportement paranoïaque et va même jusqu'à écarter Bill Buchanan de l'enquête. Relevé de ses fonctions, il se rachète en ventilant le gaz neurotoxique hors des locaux de la CAT, au prix de sa vie.

KAREN HAYES

Karen Hayes, ex-agent du FBI et directrice de division du Département de la sécurité intérieure, place la CAT sous le commandement du DSI lors de la « journée 5 ». Après s'être heurtée à Bill Buchanan, elle fait équipe avec lui – et l'épousera par la suite – au cours de l'enquête sur Charles Logan. Lors de la « journée 6 », elle est une conseillère en chef du président Wayne Palmer jusqu'à ce que les événements la poussent vers la sortie.

NADIA YASSIR

Débarquant à l'unité de Los Angeles après la « journée 5 », elle est rapidement promue chef d'équipe sous le commandement de Bill Buchanan. Après avoir été renvoyée, à la fin de la « journée 6 », elle est nommée agent spécial responsable. Elle supervise les opérations pour récupérer le circuit électronique FB, puis elle aide Jack Bauer à mettre un terme à l'assaut meurtrier que mènent les commandos chinois contre la CAT.

MICHELLE DESSLER

Dessler est responsable de la sécurité informatique quand elle est promue chef d'équipe avant d'occuper les plus hauts rangs de la CAT de Los Angeles, d'abord en tant qu'agent spécial commandant en second, puis comme agent spécial responsable – succédant par deux fois à l'homme qu'elle aime, Tony Almeida. Sous l'autorité de Ryan Chappelle, elle remplace Tony après qu'il a été blessé par balle lors de la « journée 3 », jusqu'à ce qu'il réintègre ses fonctions. Au cours de la « journée 4 », après la démission d'Erin Driscoll, Almeida assure l'intérim à la direction en attendant la nomination d'un nouveau directeur. Ce sera Michelle Dessler, son épouse. Sous l'autorité de Bill Buchanan, elle codirige la CAT tout au long de la « journée 4 » et fait partie des gens qui aident Jack Bauer à entrer dans la clandestinité. Elle quitte alors la CAT pour refaire sa vie, mais elle est assassinée lors de la « journée 5 ».

BILL BUCHANAN

Buchanan est l'un des directeurs de la CAT qui sont restés le plus longtemps en fonction. On le découvre en tant que directeur régional lors de la « journée 4 » et, par la suite, il succède à Michelle Dessler en qualité d'agent spécial responsable, poste qu'il occupe de façon quasi ininterrompue jusqu'à la « journée 6 ». Lors de la « journée 5 », il est injustement mis sur la touche par Lynn McGill. Il réintègre ses fonctions mais, au cours de cette journée et de la « 6 », il est le bouc émissaire de manœuvres politiques. Accusé d'être responsable d'une défaillance de la sécurité qui permet l'attaque des locaux de la CAT au gaz neurotoxique, il est mis à pied au cours de la « journée 5 » pour être finalement réintégré. Puis, lors de la « journée 6 », Karen Hayes est contrainte de le renvoyer pour limiter les retombées politiques à propos de la libération, il y a quelques années, du terroriste Abu Fayed. Plus tard dans la journée, le président Noah Daniels pousse Buchanan et Hayes vers une retraite anticipée.

LA CHAÎNE DE COMMANDEMENT DE LA CAT

LE DIRECTEUR DES OPÉRATIONS DE TERRAIN

La fonction de directeur des opérations de terrain (DOT) est à un rang élevé dans la hiérarchie de la CAT. Le DOT est l'agent de terrain en chef de l'agence, responsable en cas d'assaut des stratégies des unités TAC comme de celles du contingent d'agents, et se trouve généralement en première ligne lors des interventions. L'autorité du DOT sur le terrain est uniquement soumise à celle de l'agent spécial responsable ou du chef du personnel, mais dans le feu de l'action il est en droit de prendre la décision stratégique qu'il juge la meilleure. Ceux qui occupent cette position sont très souvent d'anciens militaires ou SWAT avec une très grande expérience du terrain, des arts martiaux et des armes à feu.

LES DOT

Avant la « journée 1 », c'est Christopher Henderson qui est le DOT de la CAT et qui recrute Jack Bauer. Ce dernier occupe un court instant le poste de DOT lors de la « journée 3 », avant d'être démis de cette fonction par Erin Driscoll. Elle le remplace par Ronnie Lobell, jusqu'à ce que celui-ci soit tué pendant la « journée 4 ». Lui succède Curtis Manning, qui sera abattu par Jack Bauer au cours de la « journée 6 ». Mike Doyle est alors nommé comme DOT, mais il est blessé par l'explosion d'une bombe au cours de cette journée.

MIKE DOYLE

Après la mort de Curtis Manning, au cours de la « journée 6 », Mike Doyle est nommé DOT. Il dirige l'assaut contre le consulat russe et travaille avec Jack Bauer. Il va ensuite le traquer quand ce dernier disparaîtra. Plus tard, il dirige une opération qui a pour but de livrer Josh Bauer à Phillip Bauer en échange du circuit de commande FB. Mais l'appareil est piégé et explose dans les mains de Doyle, touchant ses yeux. L'ampleur des dégâts est pour l'instant inconnue.

CURTIS MANNING

Il meurt au cours de la « journée 6 », alors que le terroriste Hamri Al-Assad se trouve entre lui et son ami Jack Bauer. Manning nourrit contre Al-Assad une rancune qui remonte à l'opération Tempête du désert. Lors de la « journée 6 », le terroriste se voit accorder une grâce en échange de sa contribution à l'enquête de la CAT. Quand Manning apprend ce marché, il tente de tuer Al-Assad. Bauer le somme de se rendre, mais il est contraint de l'abattre quand l'autre refuse d'obtempérer.

LES CHEFS DU PERSONNEL

Dans toutes les unités de la CAT, le chef du personnel fait office de commandant en second sous les ordres de l'agent spécial responsable. Il dirige la cellule quand son supérieur est sur le terrain ou autrement indisponible, et il est nommé à ce poste si l'agent spécial commandant est démis de ses fonctions ou décède. Au cours des années, Nina Myers, Tony Almeida, Michelle Dessler et Nadia Yassir ont occupé ce poste pendant des périodes de crise majeure et, en différentes occasions, tous, à part Myers, ont été promus agent spécial responsable. Toute personne nommée à cette fonction a accès aux informations ultraconfidentielles, ce qui a contribué à rendre Nina Myers particulièrement dangereuse en tant que taupe infiltrant la CAT pendant la « journée 1 ». À l'inverse, Yassir est un élément loyal, mais elle se voit restreindre temporairement et injustement son accès au cours de la « journée 6 » à cause de ses origines musulmanes.

TRISTES NOUVELLES

À 23 h 05, au cours de la « journée 2 », devant le cliché d'une explosion nucléaire dans le désert Mojave, Tony Almeida a la difficile tâche d'annoncer au personnel de la CAT la mort de George Mason et pousse les employés à poursuivre leurs efforts au cœur de la crise. En tant que chef du personnel, Almeida remplace immédiatement Mason dans ses fonctions.

NADIA YASSIR

Nadia Yassir est brutalement mise à l'épreuve dans ses fonctions de chef du personnel lors de la « journée 6 ». Elle est injustement accusée de collaborer avec des terroristes et est interrogée sans ménagement par Mike Doyle (en haut à gauche). Lavée de tout soupçon, elle est immédiatement renvoyée en service actif. Puis, malgré ses réticences, elle remplace Bill Buchanan lorsqu'il est démis de ses fonctions d'agent spécial commandant. Elle a une liaison avec Bill Pressman (en bas à gauche) et assiste, impuissante, à sa mort quand il reçoit la balle qui lui était destinée. Vers la fin de la « journée 6 », Yassir apprend à se fier davantage à son instinct qu'au protocole.

CHASE EDMUNDS

Chase Edmunds est un agent de terrain performant, qui fait équipe avec Jack Bauer au cours de la « journée 3 ». Il joue un rôle déterminant en l'aidant à empêcher de se répandre sur Los Angeles une épidémie de virus Cordilla. Mais le prix qu'il doit payer pour cela l'amène à reconsidérer son choix de vie, et il démissionne de la CAT. Edmunds est transféré de l'unité de Washington-Baltimore à celle de Los Angeles pendant une enquête qui se déroule quelque cinq mois après la « journée 2 », au cours de laquelle il rencontre à la fois Jack Bauer et sa fille Kim. Il a une liaison avec celle-ci et devient l'équipier de son père. Durant la « journée 3 », il ordonne à Bauer de lui trancher la main : le mécanisme de diffusion du virus est en effet verrouillé à son poignet. Une intervention chirurgicale va lui permettre de récupérer sa main – mais Edmunds, responsable de sa petite fille, démissionne. Il a vécu un temps avec Kim et a travaillé pour une agence de sécurité, mais le couple a fini par se séparer. La situation actuelle de Chase Edmunds est inconnue.

UN ACTE DE BRAVOURE

Au cours de la « journée 3 », Jack Bauer est contraint de trancher la main de Chase Edmunds. Cet acte désespéré s'avère être le seul moyen d'endiguer l'épidémie de virus Cordilla : il empêche le déclenchement du mécanisme de diffusion du virus qu'Arthur Rabens a verrouillé au poignet d'Edmunds. Après avoir épuisé toutes les autres solutions pour se débarrasser du mécanisme, l'agent demande donc à son collègue de lui trancher le poignet. Bauer s'exécute et place le mécanisme dans un réfrigérateur scellé, sauvant ainsi des milliers de vies.

FICHE SIGNALÉTIQUE

ÂGE : confidentiel

LIEU DE NAISSANCE : confidentiel

ENFANTS : 1 fille, Angela

DIPLÔMES :
– Services de police de Washington DC : formation de base
– Services de police de Washington DC : formation aux opérations des forces spéciales (école de police)

EXPÉRIENCE PROFESSIONNELLE :
– Agent de terrain, sécurité intérieure (CAT de Los Angeles)
– Agent de terrain, sécurité intérieure (CAT de Washington-Baltimore)
– Groupe d'intervention d'urgence (Washington DC)

RÉCOMPENSES :
– Concours de tir tactique du MPDC SWAT, mention très bien
– Félicitations en reconnaissance armée de terrain

CLANDESTINITÉ

Chase Edmunds prend contact avec l'agent mexicain Rafael Gutierrez, après être entré clandestinement au Mexique à la recherche de Jack Bauer. Edmunds agit dans l'ombre, injoignable par la CAT – et, de fait, il ignore la nature de l'opération d'infiltration menée par Bauer, ainsi que les véritables raisons qui l'obligent à faire s'évader de prison Ramon Salazar. Gutierrez, après avoir été prudemment approché par Edmunds, est abattu par des snipers : il n'a pu révéler le but de la mission de Bauer. Peu après, Edmunds est fait prisonnier après une brève poursuite.

UNE LIAISON COMPLIQUÉE

Les rapports de Chase Edmunds avec Kim Bauer compliquent grandement sa vie professionnelle et privée pendant la « journée 3 ». Parce qu'il est l'équipier de son père, la jeune femme insiste pour qu'il garde leur liaison secrète. De son côté, il ne dit rien de sa paternité à Kim. Ces secrets enveniment les relations du trio quand, au cours de la « journée 3 », ils éclatent au grand jour. À la fin de la journée, témoin de la bravoure et du dévouement d'Edmunds, Bauer finit par accepter la décision de sa fille, laquelle pardonne à son amant. Le couple tente de recoller les morceaux après la « journée 3 », mais finissent par se séparer.

« Journée 3 » : Chase Edmunds savoure deux instants d'un trop rare répit, avec Kim Bauer (en haut) et quand il obtient la garde de sa petite fille (en bas).

PRISONNIER

Les hommes de main du gang Salazar font prisonnier Edmunds, parti au Mexique à la recherche de Bauer après l'évasion de Salazar, lors de la « journée 3 » : il ignorait que l'agent travaillait sous couverture pour infiltrer le gang. Edmunds paraît voué à une mort certaine, mais les criminels vont finalement se servir de lui pour mettre à l'épreuve la loyauté de Bauer. S'ensuit une insoutenable séance de torture pour l'agent. Il parvient finalement à s'échapper, avec l'aide de Claudia Salazar.

Claudia vient en aide à Chase Edmunds alors qu'elle tente d'échapper avec sa famille aux Salazar. Son plan fonctionne puisqu'elle parvient à s'échapper avec Chase, son père et son frère. Mais, hélas, elle est tuée au cours de leur fuite.

LES AGENTS DE LA CAT

La CAT est composée d'agents compétents dans un grand nombre de domaines, capables d'accomplir diverses tâches sous pression. Ils doivent souvent faire preuve de polyvalence pour accomplir leurs missions. Ainsi, Gael Ortega se présente comme un analyste au cours de la « journée 3 » alors qu'il est en réalité un agent de la CIA sous couverture. La cellule emploie des agents de terrain, des analystes, des membres des GI ainsi que des médecins, des spécialistes des interrogatoires et autres experts. Outre leurs spécialités, les agents de la CAT sont avant tout employés à lutter contre le terrorisme et ont, de fait, tous suivi une formation dans le maniement d'armes, en arts martiaux et en informatique. Néanmoins, les agents de terrain, placés sous le commandement du directeur des opérations de terrain, ont une formation militaire plus poussée que les analystes de données ; ceux-ci, répondant à l'autorité du chef d'équipe, sont particulièrement formés aux systèmes informatiques et à l'analyse.

Sous couverture

Gael Ortega, agent de la CIA, joue le rôle d'un analyste et d'une taupe. Il est détaché à la CAT avant la « journée 3 » et participe à l'opération d'infiltration du gang de trafiquants de drogue Salazar, montée par Jack Bauer et Tony Almeida. Ortega se fait passer pour une taupe de Ramon Salazar placée à la CAT, avec l'objectif d'enrayer l'enquête sur le virus Cordilla, pendant que Bauer fait s'évader Salazar de prison. Mais Ortega est démasqué au cours d'une rencontre inopinée avec Kim Bauer. Il est torturé sans rien révéler jusqu'à ce que Bauer soit enfin à l'abri.

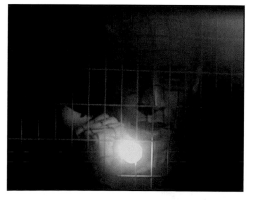

« Journée 3 », 03 h 58. Gael Ortega découvre un conteneur de virus placé sous la ventilation du Chandler Plaza Hotel.

Ortega tente de désamorcer le détonateur mais celui-ci se déclenche, lui vaporisant le gaz en plein visage.

UNE RENCONTRE FATALE

Après que sa situation a été éclaircie par Tony Almeida, Gael Ortega rejoint l'équipe de Michelle Dessler au Chandler Plaza Hotel. Les agents investissent les lieux sans leur combinaison protectrice pour trouver à temps le conteneur de virus Cordilla, caché là par les hommes de Stephen Saunders. C'est Ortega qui découvre l'engin dans le système de ventilation de l'hôtel. Il tente de le désamorcer mais il hésite – et c'est l'explosion. Il respire le gaz et est rapidement victime de ses effets. Il meurt dans la douleur, refusant de se suicider pour abréger ses souffrances car cet acte irait à l'encontre de ses convictions catholiques.

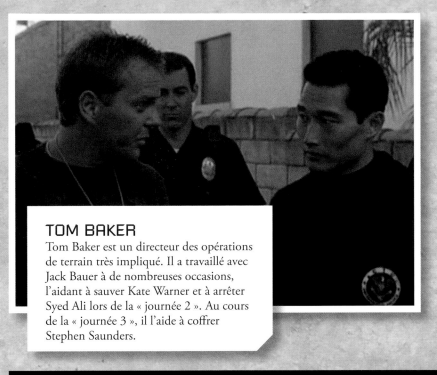

TOM BAKER

Tom Baker est un directeur des opérations de terrain très impliqué. Il a travaillé avec Jack Bauer à de nombreuses occasions, l'aidant à sauver Kate Warner et à arrêter Syed Ali lors de la « journée 2 ». Au cours de la « journée 3 », il l'aide à coffrer Stephen Saunders.

RONNIE LOBELL

Lobell est nommé directeur des opérations de terrain par Erin Driscoll après qu'elle a démis Jack Bauer de cette fonction, à l'issue de la « journée 3 ». Il occupe ce poste jusqu'à la « journée 4 ». Au cours de cette journée, Bauer et lui prennent en filature le terroriste Kalil Hasan. Ils ne sont pas d'accord sur la marche à suivre : arrêter Hasan ou continuer à le filer. Lobell menotte alors Bauer et tente d'attraper le terroriste. Mais celui-ci l'abat – et le DOT, dans son dernier souffle, jette les clés des menottes à Bauer pour qu'il puisse se libérer et poursuivre le criminel.

HOWARD BERN

Howard Bern fait partie de l'équipe, menée par Jack Bauer, qui prend d'assaut l'ambassade de Chine au cours de la « journée 4 ». Il est clairement identifié par les services secrets chinois grâce à des caméras de vidéosurveillance. Malgré les efforts de la CAT pour le mettre à l'abri, il est enlevé et torturé. Les Chinois lui soutirent les détails de l'opération, démontent la version officielle du gouvernement concernant l'incident et élaborent en représailles l'enlèvement de Bauer.

LEE CASTLE

Lors de la « journée 4 », Castle est opérateur de terrain. Il entre en conflit avec Tony Almeida quand celui-ci, de retour à la CAT, l'empêche de violenter Dina Araz. Il participe par la suite à l'assaut mené contre une boîte de nuit pour capturer Habib Marwan. Plus tard, il se joint à Almeida dans la traque d'une meurtrière, Mandy. Mais celle-ci a l'avantage et abat Castle avant de prendre Almeida en otage.

TED PAULSON

Ted Paulson est un agent de terrain expérimenté, assigné à la protection de Teri et de Kim Bauer dans une planque de la CAT au cours de la « journée 1 ». Il est seul avec la femme et la fille de Jack quand font irruption les hommes de main de Drazen. Il met les deux femmes à l'abri, abat l'un des assaillants, mais tombe sous le feu ennemi. Il meurt un peu plus tard à l'hôpital, mais son acte de bravoure a permis à Teri et à Kim de s'échapper.

TEDDY HANLIN

Bauer et Hanlin se connaissaient déjà avant de travailler ensemble au cours de la « journée 1 ». Quelques années plus tôt, le premier a arrêté le partenaire du second pour corruption, ce qui a aussi mis fin à la carrière de Christopher Henderson à la CAT. Lors de la « journée 1 », Hanlin accompagne Bauer pour rencontrer un homme lié à Alexis Drazen. Il tire sur le suspect et le tue. Bauer, furieux, ne travaillera plus jamais avec lui.

RICK BURKE

Après la « journée 4 », Burke devient l'expert des techniques d'interrogatoire lourdes de la CAT. Lors de la « journée 5 », c'est lui qui administre le sérum de vérité à Christopher Henderson quand Tony Almeida l'assomme. Burke est encore inconscient quand Henderson tue Almeida et s'échappe. Pendant la « journée 6 », il aide Jack Bauer pour l'interrogatoire de son frère Graem, mais refuse de suivre ses ordres quand l'agent veut lui administrer une dose potentiellement mortelle d'hyoscine-penthotal.

ERIC RICHARDS

De la « journée 3 » à la « journée 4 », c'est Richards qui est le responsable des interrogatoires à la CAT. Lors de la « journée 3 », il interroge Gael Ortega, soupçonné d'être une taupe. Ce même jour, il administre le sérum de vérité à Nina Myers, qui dévie alors l'aiguille vers une artère. Durant la « journée 4 », il dirige les interrogatoires de James Heller et de Sarah Gavin.

DR. MARC BESSON

Besson est le chef médical de la CAT de la « journée 4 » à la « journée 5 ». Chirurgien expérimenté, il opère Paul Raines lors de la « journée 4 », mais Bauer le force à s'interrompre pour sauver la vie d'un scientifique chinois, Lee Jong. Au cours de la « journée 5 », en tant que responsable de la clinique médicale, il veille sur le rétablissement de Tony Almeida quand celui-ci l'assomme pour retrouver Christopher Henderson.

HARRY SWINTON

Swinton est l'agent de sécurité chargé de surveiller Lynn McGill, détenu au cours de la « journée 5 » dans la cellule 4 de la CAT. Ils sont donc enfermés ensemble pendant l'attaque au gaz neurotoxique Sentox. Comme la cellule est adjacente au système d'aération, la décision de McGill de ventiler le gaz hors des locaux signifie une mort certaine pour les deux hommes. Swinton échange ses derniers mots avec sa fille, puis McGill ouvre la porte. Ils meurent quelques minutes plus tard.

LES GROUPES D'INTERVENTION

La section d'assaut de la CAT est communément appelée « groupe d'intervention » (GI). Les GI sont généralement composés d'anciens militaires ou officiers de police très entraînés, souvent issus des rangs du SWAT ou des forces spéciales. On les sollicite en cas de prise d'otages, d'attaques surprises sur des sites où l'on soupçonne une activité terroriste et lors de combats armés. Les GI utilisent pour l'essentiel les mêmes méthodes et équipements que le SWAT ou l'armée. Mais, contrairement aux militaires, ils opèrent en milieu urbain et se trouvent régulièrement amenés à collaborer avec les agents de terrain de la CAT ou d'autres services des forces de l'ordre. C'est généralement le responsable des opérations de terrain de la CAT qui dirige les GI. Dans le feu de l'action, il a tout pouvoir pour les décisions tactiques mais se réfère aux agents responsables des missions quand les circonstances le permettent. Les membres de cette section sont des experts en explosifs, armes à feu et combat à mains nues.

UNE INTERVENTION ÉCLAIR

Curtis Manning (à gauche) est le responsable des opérations de terrain : il commande le GI lors de l'assaut du domicile des Wallace, au début de la « journée 6 ». Scott Wallace est libéré pendant que la CAT suit plusieurs pistes pour retrouver les armes nucléaires détenues par Abu Fayed. L'opération est parfaitement menée – mais Manning est abattu quelques minutes plus tard.

SWAT

Les GI fonctionnent sur le même concept que la SWAT, une unité de police. C'est le département de police de Los Angeles qui fonde la première unité SWAT, à la fin des années 1960. La reconnaissance nationale vient en 1974, lors de l'assaut sanglant mené contre l'Armée de libération symbionaise. Les officiers de la SWAT sont généralement d'anciens militaires, ce qui est aussi le cas des chefs des groupes d'intervention de la CAT. Mike Doyle, qui a récemment occupé le poste de responsable des opérations de terrain, ainsi que les anciens directeurs Jack Bauer, Curtis Manning et Tom Baker ont tous une grande expérience militaire, et Bauer (LAPD) et Manning (police de Boston) sont aussi des vétérans de la SWAT.

Crosse télescopique rétractable, ici dépliée

Système de visée à lumière laser

Système de lumière tactique laser PentagonLight

Système d'armement par interface à rail modulable Knight : permet d'ajouter des lampes, des lasers, des poignées et autres accessoires.

Canon standard de 35 cm avec dissimulateur de flamme

Courroie triple épaisseur Wilderness Giles

Poignée droite Tango Down : le bas peut s'ouvrir afin de ranger des piles de rechange et d'autres accessoires.

Chargeur du M4 : partie qui contient les munitions et alimente l'arme

Port d'éjection pour que les douilles s'éjectent en toute sécurité, avec un volet de protection antipoussière

FUSIL D'ASSAUT M4

Le fusil d'assaut utilisé par la CAT est le M4, descendant du mythique M16. Le M4 est plus court et plus léger que son ancêtre, fonctionne avec un chargeur et peut faire feu en mode semi-automatique ou automatique. Ses capacités ont fait de lui l'arme privilégiée des forces spéciales, et la CAT ne fait pas exception.

PRÊT À INTERVENIR

Sur le terrain, les accessoires transportés par chaque membre de la force d'intervention dépendent de sa spécialisation et de la nature de sa mission, mais les soldats sont toujours équipés d'une tenue de protection et d'armes les plus avancées technologiquement. Les uniformes sont composés d'un revêtement ignifugé, d'un gilet pare-balles, de lunettes protectrices, d'un casque en kevlar et de bottes de combat. Les membres de l'unité d'intervention portent en général une arme de poing, une carabine ou une arme automatique, du gaz lacrymogène, des grenades paralysantes, un laser, une lampe torche et des menottes souples pour attacher les suspects.

Casque balistique en kevlar léger, niveau IIIA

Lunettes de protection en polycarbonate incassable

Ecusson de la CAT, présent sur toutes les tenues fournies par la CAT

COUNTER TERRORIST UNIT · UNITED STATES OF AMERICA

Holster en plastique modulable Safariland, muni d'une courroie de sécurité, pouvant contenir un large choix d'armes de poing

Veste à usage tactique pour le transport d'objets tels que chargeurs, miniradio (sur l'épaule) et autres accessoires

Poche contenant le masque à gaz

LE PISTOLET

Les membres de l'unité d'intervention, comme Jack Bauer, portent souvent le pistolet compact Heckler & Koch (HK) USP. La légèreté de cette arme, due à sa construction en polymères moulés, ainsi que son modeste recul mécaniquement assisté, en font un outil de combat discret et utile.

EN PHASE D'APPROCHE

Lors de la « journée 3 », des membres de l'équipe prennent position autour de l'immeuble dans lequel Stephen Saunders est enfermé. Mais le plan tourne court lorsque Tony Almeida déplace – intentionnellement – des hommes afin de permettre à Saunders de s'échapper : l'agent tente désespérément de sauver sa femme Michelle.

Bottes classiques (renforcées d'acier) des unités d'intervention

LA TECHNOLOGIE DE LA CAT

Comme elle est installée dans la vaste agglomération de Los Angeles et qu'elle a constamment besoin de transporter des hommes, l'unité locale de la CAT a besoin d'un important parc de véhicules. Le principal moyen de transport des agents de terrain est le SUV (en français, Véhicule utilitaire sport) : la CAT opte en ce moment pour une version spécialement configurée et allongée du SUV Ford Expedition 2007, qui peut transporter jusqu'à sept personnes. Parmi les modifications apportées aux véhicules pour satisfaire les besoins spécifiques de la cellule antiterroriste, notons les phares de police à l'avant et sous le pare-brise, les projecteurs arrière, l'équipement de communication par satellite, le poste de transmission digital et un coffret à armes intégré, qui peut être aisément éjecté du coffre arrière pour pouvoir transporter un large choix d'armes. La CAT possède aussi plusieurs fourgons utilitaires Dodge Sprinter pour les missions de surveillance, des pick-up Toyota Tundra et des limousines Cadillac pour les officiels en visite.

Classiquement, les SUV de la CAT sont équipés d'un système de rangement spécialement étudié : le coffre à armement. Mais ce tiroir blindé peut contenir toutes sortes d'accessoires précieux, en fonction des missions.

Les rails porte-bagages servent souvent de poignées aux agents accrochés à l'extérieur du véhicule dans des situations d'urgence

Lumière stroboscopique d'urgence

Phare halogène ultrapuissant à surface complexe

Lampes à diode stroboscopiques similaires à celles utilisées par la police

Dans les situations d'urgence, les agents peuvent s'appuyer sur le rebord du véhicule lorsqu'ils roulent accrochés à l'extérieur

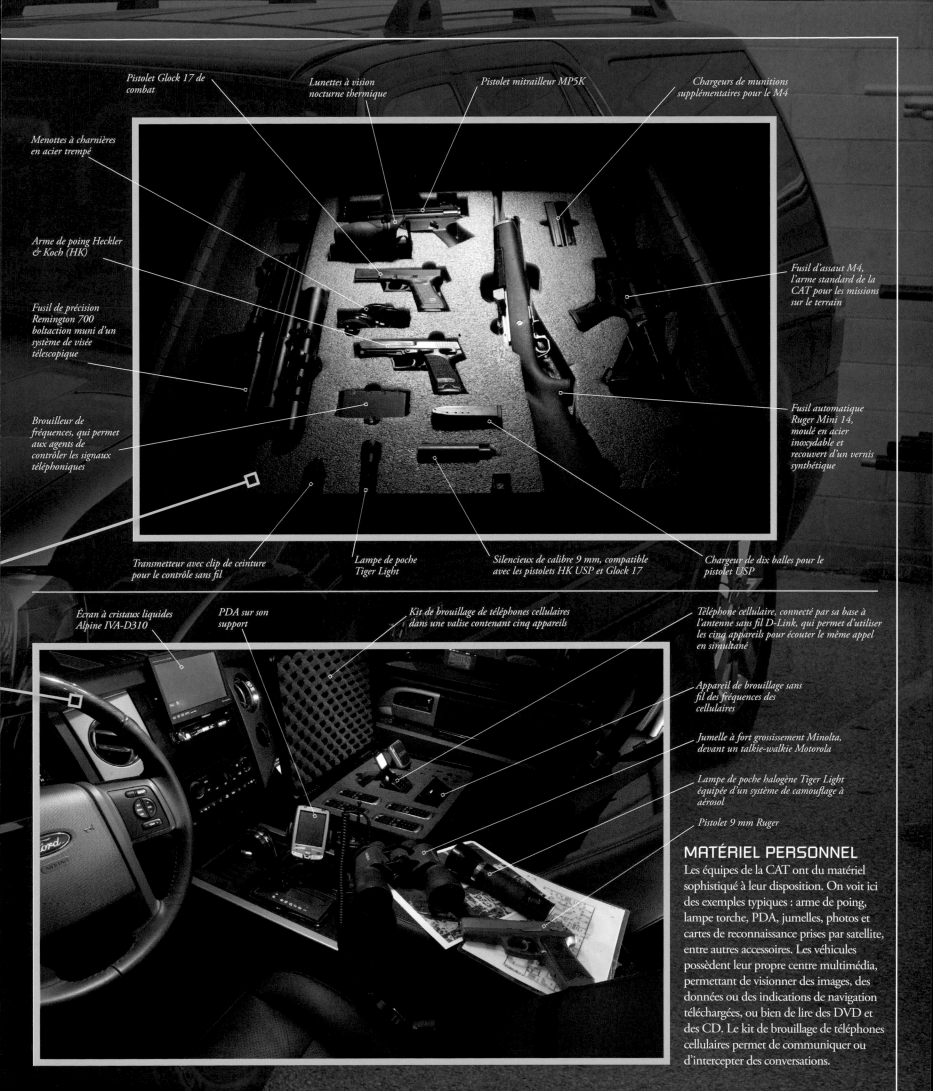

Pistolet Glock 17 de combat

Lunettes à vision nocturne thermique

Pistolet mitrailleur MP5K

Chargeurs de munitions supplémentaires pour le M4

Menottes à charnières en acier trempé

Arme de poing Heckler & Koch (HK)

Fusil d'assaut M4, l'arme standard de la CAT pour les missions sur le terrain

Fusil de précision Remington 700 boltaction muni d'un système de visée télescopique

Brouilleur de fréquences, qui permet aux agents de contrôler les signaux téléphoniques

Fusil automatique Ruger Mini 14, moulé en acier inoxydable et recouvert d'un vernis synthétique

Transmetteur avec clip de ceinture pour le contrôle sans fil

Lampe de poche Tiger Light

Silencieux de calibre 9 mm, compatible avec les pistolets HK USP et Glock 17

Chargeur de dix balles pour le pistolet USP

Écran à cristaux liquides Alpine IVA-D310

PDA sur son support

Kit de brouillage de téléphones cellulaires dans une valise contenant cinq appareils

Téléphone cellulaire, connecté par sa base à l'antenne sans fil D-Link, qui permet d'utiliser les cinq appareils pour écouter le même appel en simultané

Appareil de brouillage sans fil des fréquences des cellulaires

Jumelle à fort grossissement Minolta, devant un talkie-walkie Motorola

Lampe de poche halogène Tiger Light équipée d'un système de camouflage à aérosol

Pistolet 9 mm Ruger

MATÉRIEL PERSONNEL

Les équipes de la CAT ont du matériel sophistiqué à leur disposition. On voit ici des exemples typiques : arme de poing, lampe torche, PDA, jumelles, photos et cartes de reconnaissance prises par satellite, entre autres accessoires. Les véhicules possèdent leur propre centre multimédia, permettant de visionner des images, des données ou des indications de navigation téléchargées, ou bien de lire des DVD et des CD. Le kit de brouillage de téléphones cellulaires permet de communiquer ou d'intercepter des conversations.

LA TECHNOLOGIE DE LA CAT

La CAT est dotée d'une infrastructure technologique sophistiquée, et ses équipes sont capables d'élaborer et de construire les outils et les armes utiles sur le terrain. Les agents ont aussi à leur disposition la technologie la plus à la pointe possible et peuvent adapter leur équipement aux besoins spécifiques de chaque mission. Par l'intermédiaire du gouvernement fédéral, l'agence entretient également des contrats avec des développeurs privés de technologie de pointe, qui réalisent des versions personnalisées de produits commercialisés. Par exemple, les agents de la CAT utilisent des téléphones cellulaires disponibles dans le commerce, mais équipés de localisateurs GPS (une puce à l'intérieur de l'appareil) et d'une carte de données spécifiquement encodées, qui rend les téléphones compatibles avec les protocoles de sécurité du gouvernement. C'est surtout en ce qui concerne les technologies appliquées à la communication, à l'interrogatoire et à l'observation que la CAT montre la voie au sein du gouvernement : ses innovations sont souvent reprises par les autres agences fédérales.

CONTRÔLE DE L'ACCÈS

Pour contrôler l'accès aux zones sensibles, la CAT a recours au système d'identification à « carte intelligente » HID bioCLASS. Il peut exiger jusqu'à trois niveaux d'identification avant d'autoriser l'accès à une zone sécurisée : le passage d'une carte d'identité encodée, l'entrée d'un code PIN spécifique à l'aide du clavier et un scanner biométrique pour identifier les empreintes digitales.

DIRE LA VÉRITÉ

La CAT utilise un système de relevé physiologique à polygraphe lors de ses interrogatoires, qui permet de savoir si les prisonniers disent la vérité. Quand un suspect porte ces bracelets, on enregistre son rythme cardiaque et respiratoire, son pouls, sa température corporelle et d'autres signes pour mesurer ses réactions durant l'interrogatoire. L'unité centrale bleue transfère les données aux « filtres » noirs, où chaque signal est isolé et transféré à un ordinateur sophistiqué pour être analysé en temps réel.

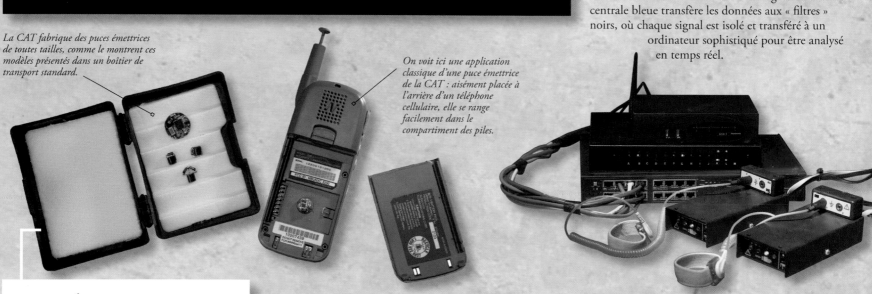

La CAT fabrique des puces émettrices de toutes tailles, comme le montrent ces modèles présentés dans un boîtier de transport standard.

On voit ici une application classique d'une puce émettrice de la CAT : aisément placée à l'arrière d'un téléphone cellulaire, elle se range facilement dans le compartiment des piles.

PUCES ÉMETTRICES

La CAT se sert de puces émettrices de différentes tailles pour localiser les suspects et les agents. Les puces envoient un signal radio unique sur une fréquence spécifique, et les stations de surveillance de la cellule relèvent la direction et l'altitude de cette fréquence. On voit ici l'une de ces puces dissimulée dans un téléphone cellulaire, mais les appareils peuvent être placés à d'autres endroits.

UNITÉS DE COMMUNICATION

La CAT utilise couramment des microtransmetteurs sans fil, surnommés « oreillettes », moulés en fonction de la forme des oreilles de chaque agent de terrain. Ils leur permettent de communiquer lors des actions sous couverture. Grâce à ces oreillettes, les agents peuvent aussi recevoir des appels quand il leur est impossible d'utiliser un téléphone cellulaire, une radio ou un talkie-walkie. S'ils ont besoin de dialoguer, elles peuvent être utilisées en combinaison avec un microscopique « micro de gorge ».

ENREGISTREMENT MOBILE

Les agents de la CAT transportent souvent sur le terrain un système d'enregistrement vidéo mobile comme celui-ci. Le système permet d'installer de petites caméras numériques dans des endroits discrets et de les contrôler depuis un endroit proche, comme un véhicule, grâce à la technologie sans fil. Le kit permet à la CAT d'installer simplement une reconnaissance vidéo.

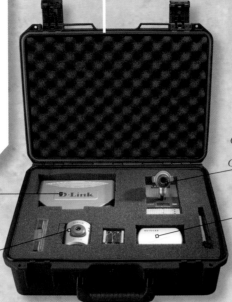

Caméra numérique sans fil Lynksys/Cisco G à 2,4 GHZ

Adaptateur central vidéo-téléphone à large bande sans fil D-Link

Central modem vidéo

Caméra numérique sans fil D-Link DCS-900W à 2,4 GHz

VISIONNEUSE MOBILE

Les équipes de la CAT utilisent fréquemment ce genre de kit pour visionner des images transmises par un système d'observation portable. L'équipement de visionnage de terrain comprend un écran à cristaux liquides de 10 centimètres, une paire d'unités de contrôle, pour diriger les caméras à distance, et des cartes de circuits intégrés supplémentaires.

Circuits intégrés interchangeables selon la fréquence d'émission utilisée

Le kit comprend deux engins de contrôle par antenne pour régler à distance la mise au point, l'ouverture et l'orientation.

Moniteur à cristaux liquides iRiver de 10 cm, adapté de la technologie de visionnage portable de iRiver.

ENREGISTREMENT DES INTERROGATOIRES

Lorsque les agents interrogent des suspects sur le terrain, ils enregistrent autant que possible leurs dépositions, comme c'est le cas lors de la « journée 6 » avec Graem Bauer. Pour cela, ils transportent un pack d'enregistrement vidéo qui comprend jusqu'à quatre caméras DVD enregistreuses VDR-D300 Panasonic. Le pack comprend aussi une caméra numérique Logitech pour transmettre en direct des images à l'agence.

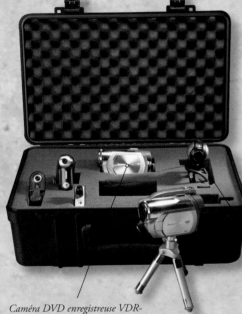

Système de caméra numérique standard pour faciliter la transmission à l'aide d'une connexion à large bande passante classique

Caméra DVD enregistreuse VDR-D300 Panasonic avec senseur haute résolution 3-CDD et enregistreur DVD incorporé pour faciliter le transfert de données

TECHNOLOGIE ENNEMIE

Les terroristes ont aussi accès à la technologie de pointe – par exemple, le brouilleur de communications téléphoniques : comme les criminels agissent dans la clandestinité, ils ne peuvent bénéficier des vastes réseaux de la CAT, mais les brouilleurs leur permettent de crypter à distance les communications entre les téléphones. Au cours de la « journée 6 », Abu Fayed et ses confédérés se servent d'un engin semblable à celui présenté ci-dessus.

KIT DE TORTURE

Le « kit de torture » de l'agent Rick Burke est utile dans des circonstances extrêmes pour soutirer des informations à des suspects tels que Christopher Henderson et Graem Bauer. Il comprend des seringues médicales et différents flacons de sérum de vérité à administrer en intraveineuse, notamment du hyoscine-pentothal.

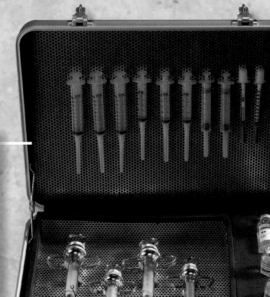

Mallette médicale en acier Vanguard

Seringues médicales standard

Quatre flacons de sérum de vérité hyoscine-pentothal servant à faire avouer les suspects

L'ARSENAL DE LA CAT

L'unité locale de Los Angeles de la CAT dispose d'un arsenal d'armes de poing militaires sophistiquées. La plupart des agents affectionnent l'un de ces trois modèles de pistolets 9 mm : le pistolet Glock 19 semi-automatique, le Heckler & Koch (HK) USP compact ou le Luger Sig Sauer P226. En général, ils portent aussi un couteau et une arme paralysante. L'équipement de base des unités d'intervention comprend un fusil d'assaut M4, un fusil d'assaut semi-automatique Ruger Mini 14, un fusil pour le tir de longue portée et diverses armes automatiques dans des configurations diverses. Des armes plus spécialisées, allant des grenades paralysantes aux lance-missiles portables, ainsi qu'un large choix d'explosifs peuvent être incorporées à l'équipement pour des missions spécifiques.

Le seul contrôle externe, hormis la gâchette, est le loquet, encastré dans le système d'éjection du barillet.

Les marques ergonomiques sur la crosse font du Glock 19 une arme facile à attraper et à manier.

Chargeur de 15 balles standard comprenant des cartouches de 9,19 mm

GLOCK 19
Le pistolet Glock 19 semi-automatique est populaire auprès de nombreux agents de la CAT, dont Mike Doyle, le remplaçant de Curtis Manning en tant que responsable des opérations de terrain lors de la « journée 6 ». C'est une arme semi-automatique de taille moyenne, que l'on voit ici équipée d'un chargeur de quinze balles. Elle est couramment utilisée par les forces de l'ordre.

Viseur arrière ajustable

Viseur avant

Poignée avant pour stabiliser les tirs en angle

Commutateur pour sélectionner le type de tir : verrouillé, tir simple, en rafale

Chargeur amovible de 30 balles contenant 30 cartouches

H & H MP5K
Le Heckler & Koch MP5K est un pistolet mitrailleur compact entièrement automatique. Son poids modeste permet de le transporter aisément et d'avoir une puissance de feu importante dans des situations de combat rapproché. Il permet aussi une grande flexibilité grâce à divers modes de tir.

Levier de démontage pour faciliter l'entretien

Le désarmement se fait par un levier manuel avec le pouce pour désactiver l'arme en toute sécurité.

SIG SAUER P228
Le Sig Sauer P228 9 mm est un autre pistolet semi-automatique populaire chez les représentants de l'ordre, et donc à la CAT. Il comprend un viseur laser intégré contrôlé par un interrupteur sur la crosse et, comme le Glock 19, il possède un canon et un barillet de petite taille, ce qui le rend pratique à utiliser.

Les électrodes libèrent une puissante décharge électrique transférée depuis les condensateurs inclus dans l'appareil.

L'aspect des armes à électrochoc varie. Ce modèle est moulé pour être utilisé par un droitier.

ARMES PARALYSANTES
Ces armes paralysantes utilisées à la CAT sont des modèles Stun Mastern allant de 20 000 à 30 000 volts. Elles produisent des décharges électriques qui attaquent le système nerveux sans causer d'énormes souffrances. Mais il est arrivé à des agents de la cellule d'augmenter le voltage pour faire d'elles des armes mortelles.

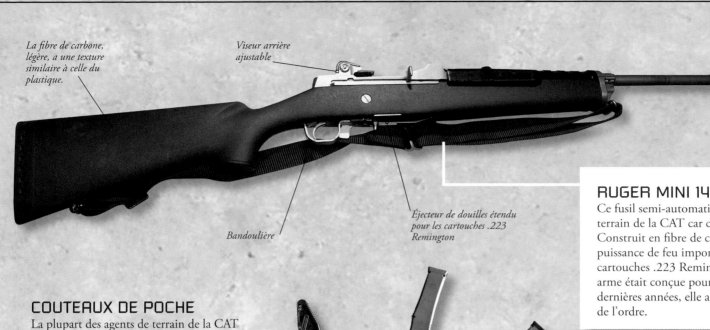

La fibre de carbone, légère, a une texture similaire à celle du plastique.

Viseur arrière ajustable

Bandoulière

Éjecteur de douilles étendu pour les cartouches .223 Remington

RUGER MINI 14

Ce fusil semi-automatique sert aux équipes de terrain de la CAT car c'est une arme très légère. Construit en fibre de carbone, il offre une puissance de feu importante grâce à ses cartouches .223 Remington. À l'origine, cette arme était conçue pour la chasse mais, ces dernières années, elle a été adoptée par les forces de l'ordre.

COUTEAUX DE POCHE

La plupart des agents de terrain de la CAT portent un couteau, en général une version du couteau à lame rétractable MicroTech HALO. Comme on le voit ici, l'agence a à sa disposition différents modèles, mais tous sont à lame éjectable en acier trempé : certaines s'éjectent du manche, d'autres se déplient.

Cela ressemble à un porte-documents classique.

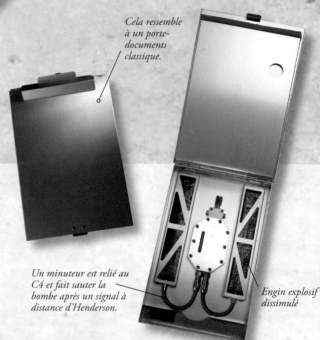

LES ARMES DE LA TERREUR

Les terroristes modernes sont grassement financés et bien entraînés, et ils ont accès à un large choix d'armements, tel l'explosif C4. Même s'ils recherchent sans cesse des armes de destruction massive, ils font régulièrement des dégâts considérables avec des engins plus simples : vestes piégées pour les attentats suicide, par exemple, et autres explosifs conventionnels.

BOMBE PORTE-DOCUMENTS

À 16 h 54, lors de la « journée 5 », Christopher Henderson fait exploser une bombe dissimulée dans un porte-documents en métal afin d'éliminer Jack Bauer à Omicron International. Il s'agit d'un engin sophistiqué, rempli de 300 grammes de C4. Bauer échappe à la mort en se dissimulant dans une anfractuosité du sol.

Un minuteur est relié au C4 et fait sauter la bombe après un signal à distance d'Henderson.

Engin explosif dissimulé

CRISE DE LA « JOURNÉE 5 »

À 09 h 45, lors de la « journée 5 », la CAT fait exploser à distance une veste piégée comme celle-ci portée par un terroriste au cours de la crise de l'aéroport de l'Ontario. Ces vêtements ont un point faible : on peut les faire sauter de loin grâce à un code. La cellule antiterroriste a pu récupérer ce code, et Jack Bauer fait exploser la veste afin de sauver Derek Huxley.

Système de fermeture de la veste : une fois qu'elle est fixée au terroriste et que le compteur est enclenché, il est impossible de l'ouvrir, afin d'empêcher le martyr de changer d'avis.

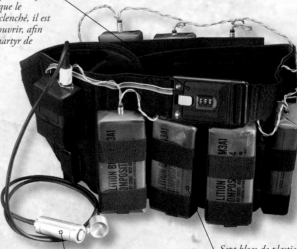

LE MARTYR DE LA « JOURNÉE 6 »

Nasir, un homme dévoué à la cause d'Abu Fayed, porte une telle veste piégée tôt dans la « journée 6 ». Il prévoit de commettre un attentat suicide dans le métro de Los Angeles. Au moment où il se saisit du détonateur, Bauer parvient à le pousser hors du wagon juste avant que la veste explose.

La boîte est munie d'un interrupteur argenté pour déclencher l'explosion manuellement.

La veste contient neuf blocs de C4, cinq à l'avant et quatre à l'arrière.

Le détonateur manuel de la veste est directement relié à la boîte de mise à feu et aux blocs de C4.

Sept blocs de plastic explosif C4 font de cette veste une arme surpuissante.

DYNAMIQUE AÉRIENNE

Comme la rapidité d'action est en général primordiale, les agents utilisent souvent des hélicoptères pour éviter les embouteillages sur les routes lorsqu'ils se déplacent d'un point à un autre. La CAT possède donc une flotte d'hélicoptères Bell 206 Jet Ranger pour transporter rapidement des agents dans la zone métropolitaine de Los Angeles. Elle a aussi accès à d'autres véhicules aériens, qu'elle les gère elle-même ou qu'elle les emprunte à d'autres agences. Par exemple, elle utilise régulièrement des hélicoptères Eurocopter AS350B A-Star pour des missions spéciales d'infiltration et le Bell 212 Twin Huey pour transporter des troupes importantes lors d'assauts de grande envergure. La CAT a aussi accès à des avions lorsque c'est nécessaire, comme les jets privés Gulfstream pour transporter des personnalités. Néanmoins, quand une grande puissance de feu aérienne est requise, l'agence fait en général appel aux services de l'armée.

MISSION SUICIDE

Lors de la « journée 2 », pour débarrasser rapidement l'aérodrome de Norton d'une bombe nucléaire, Jack Bauer n'a à sa disposition qu'un petit avion privé : un Cessna 208 Caravan. Il le pilote jusqu'à une région désertique éloignée. Là, George Mason, à l'agonie, insiste pour terminer la mission suicide, tandis que Bauer saute en parachute et s'en tire sain et sauf.

ABATTU EN PLEIN VOL

Lors de la « journée 5 », Jack Bauer détourne un jet privé : il veut récupérer un enregistrement audio qui met en cause le président Logan et que transporte le copilote de l'appareil. Logan ordonne à la Navy de faire décoller des avions de combat F/A-18 Horner afin qu'ils abattent le jet. Mais l'amiral Kirkland, au centre de commande de Point Mugu, et le pilote du F/A-18 refusent tous les deux d'obéir aux ordres lorsqu'il apparaît clairement que l'avion ne constitue pas une menace – et l'attaque est suspendue à temps.

CARGAISON FRAGILE

Un long-courrier de fret Lockheed C-130 Hercules s'apprête à déposer une précieuse cargaison à l'aérodrome d'Ellis, à 06 h 08 lors de la « journée 6 » : il s'agit de Jack Bauer, qui vient de passer dix-huit mois dans une prison militaire chinoise. L'agent est escorté par un responsable de la sécurité chinoise, Cheng Zi, qui l'a torturé durant sa captivité. Le C-130 est largement utilisé par de nombreux pays, dont les États-Unis, pour des missions tactiques militaires. À l'origine, cet avion a été conçu comme transport d'assaut, mais il sert pour toutes sortes de tâches, du transport de cargaison à la surveillance en passant par les missions secrètes.

Le C-130 est un appareil à propulseurs turbo muni de quatre moteurs. Il est fabriqué depuis plus de cinquante ans comme avion transporteur militaire standard. Il lui sert aussi aux missions de sauvetage, de ravitaillement en vol, de lutte contre les incendies, ainsi qu'aux missions humanitaires.

AVION FURTIF

Au cours de la « journée 4 » se produit l'un des actes terroristes les plus audacieux de l'histoire moderne : un officier dégradé de l'Air Force, Mitch Anderson, trahit les États-Unis, vole un avion de combat furtif F-117A Nighthawk et l'utilise pour abattre Air Force One, l'avion présidentiel. L'appareil sera pris en chasse et détruit par des combattants de l'Air Force – mais pas avant qu'Anderson n'ait mené sa mission à bien. S'il y parvient, c'est que cet avion est extrêmement difficile à localiser du fait de ses spécificités qui lui évitent d'être détecté par les radars. Malgré tout, le F-117A est un modèle d'appareil furtif ancien, et l'Air Force cesse progressivement de s'en servir en faveur du F-17 Raptor, plus récent.

Les Bauer se précipitent à l'intérieur de l'hélicoptère à 12 h 57. Moins de cinq minutes plus tard, ils sont de retour à la CAT. Comme le Bell Ranger peut voler à plus de 200 km/h s'il a les autorisations suffisantes pour des missions spécifiques, il peut en général transporter des personnes à peu près partout dans la région de Los Angeles en quelques minutes.

VÉHICULE DE SAUVETAGE

À 12 h 57, lors de la « journée 1 », un Bell 206 Jet Ranger transporte Teri, Kim et Jack Bauer loin de la propriété d'Ira Gaines. Jack vient de sauver sa famille : dès qu'il a appelé, la CAT lui a envoyé un hélicoptère, qui a d'abord fait fuir les hommes de Gaines, puis accompli sa mission de sauvetage.

TRANSPORT RAPIDE

Curtis Manning accueille l'hélicoptère de Jack Bauer sur le toit de l'immeuble de Jacob Rossler à 13 h 22 lors de la « journée 5 ». Rossler est suspecté d'aider Ivan Erwich, qui prévoit de faire exploser des bonbonnes de gaz neurotoxique. La CAT n'a que quelques minutes pour l'arrêter, et la capacité du Bell 206 à transporter rapidement Bauer sur place est cruciale.

Le Bell 206 Jet Ranger est le principal véhicule de transport aérien de la CAT dans et autour de Los Angeles, comme le montre son utilisation lors de la « journée 5 ». Il s'agit d'un hélicoptère à turbines muni d'une hélice à deux pales, d'un rotor arrière standard et de contrôles de vol hydrauliques. Cet appareil est très fréquemment utilisé par les forces armées américaines.

51

LE GOUVERNEMENT

En cas de crise, la CAT rend souvent des comptes directement aux plus hautes instances du gouvernement américain, et notamment au président. Dans ces instants-là, un commandement sans faille est requis afin de prendre des décisions difficiles et moralement douteuses : on doit souvent choisir entre qui doit vivre et qui doit mourir. Au fil des années, des représentants gouvernementaux des cabinets de David Palmer, de Charles Logan et de Wayne Palmer ont souvent répondu à l'appel – mais pas à chaque fois. Parfois, hélas, un mauvais jugement, un engouement patriotique déplacé, la peur, la corruption, la lâcheté et d'autres défauts personnels ont fait leur apparition dans l'ombre du pouvoir.

DAVID PALMER

La vie de David Palmer serait comme l'aboutissement du rêve américain croisé avec une tragédie shakespearienne. Étudiant en sport-études de l'université de Georgetown, Palmer a fait des études de droit, épousé Sherry, eu deux enfants, travaillé comme avocat, et il a été représentant législatif du Maryland dans les deux chambres du Congrès avant de se présenter à l'élection présidentielle. Durant les primaires en Californie, lors de la « journée 1 », le plan terroriste des Drazen, qui inclut deux tentatives d'assassinat ainsi qu'un scandale familial, vient presque à bout de l'homme, mais il parvient finalement à être élu. Cela lui coûte quand même son mariage, car les intrigues politiques de Sherry sont devenues intolérables. Durant les quatre années de son mandat, notamment au cours des « journées 2 » et « 3 », son administration est marquée par des scandales, par une vague d'actions terroristes, par son éviction temporaire du pouvoir et par une tentative d'assassinat, à laquelle il échappe de justesse lors de la « journée 2 ». Après la mort violente de Sherry, au cours de la « journée 3 », Palmer décide de ne pas se représenter à l'élection. Lors de la « journée 4 », il conseille le nouveau président Charles Logan durant une crise majeure. Puis il est assassiné au début de la « journée 5 ».

SUPER MARDI

David Palmer connaît la « journée 1 » sous un autre nom : « Super Mardi ». Ce terme s'applique à une journée, souvent début mars, durant laquelle un grand nombre de primaires ont lieu en vue des élections présidentielles. Ces primaires ont un rôle capital pour décider qui sera le candidat des deux grands partis. La « journée 1 » a donc lieu pendant un Super Mardi et, malgré les événements agités de ces vingt-quatre heures, Palmer, grâce à une allocution à la nation pleine d'émotion, parvient à remporter les onze primaires – dont la plus précieuse d'entres elles, celle de Californie. Désormais candidat démocrate, il va réussir à battre le président alors en exercice, Harold Barnes.

RÉUNION DE FAMILLE

Tandis que les électeurs des primaires se dirigent vers les bureaux de vote lors de la « journée 1 », David Palmer demande à sa famille de le soutenir alors qu'il a choisi de révéler un scandale familial : sept ans plus tôt, en effet, son fils Keith a été impliqué dans la mort d'un homme qui avait violé sa sœur Nicole. Durant la quasi-totalité de la « journée 1 », Sherry tente de cacher cette information à son mari, puis à l'opinion publique. Contre l'avis de sa femme, Palmer décide enfin de tout révéler au cours d'une conférence de presse – ce qui mettra encore un peu plus en péril son mariage.

GÉNÉALOGIE DES PALMER

Président Wayne Palmer (frère)

Procureur général Sandra Palmer (sœur)

Président David Palmer

Sherry Palmer (ex-femme)

Keith Palmer (fils)   *Nicole Palmer (fille)*

INTERLUDE

Alors que la « journée 2 » commence, le président David Palmer savoure l'un des derniers jours de calme de son mandat. Il pêche avec son fils sur le lac Oswego, dans l'Oregon. Mais, quelques instants plus tard, il est informé d'une menace nucléaire contre les États-Unis ; il se précipite vers un bunker situé à proximité, au sein du Complexe opérationnel régional du Nord-Ouest. Avant la fin de la journée, Palmer aura résisté à la tentation de lancer son pays dans un conflit mondial, il sera momentanément relevé de ses fonctions et frappé au cours d'une tentative d'assassinat.

DAVID PALMER

À 7 h 02, lors de la « journée 5 », l'ancien président David Palmer, mélancolique, médite sur sa vie en rédigeant ses mémoires, installé dans l'appartement de son frère, sur les hauteurs de Los Angeles. Quelques secondes plus tard, il est mort. Le tir d'un fusil à longue portée traverse la fenêtre et transperce le cou de Palmer, le tuant instantanément. Cet assassinat, perpétué par un sniper nommé Haas sur les ordres de Christopher Henderson et conçu pour mettre en cause Jack Bauer, fait partie d'une conspiration violente. Même mort, Palmer se révèle être d'un grand secours pour aider à démasquer les criminels. Il a en effet été éliminé parce qu'il avait découvert les preuves d'une attaque imminente au gaz neurotoxique Sentox et qu'il s'apprêtait à les présenter à la première dame des États-Unis, Martha Logan. Les indices qu'il a laissés dans son manuscrit vont être découverts par Wayne Palmer et Jack Bauer, et s'avérer cruciaux pour contrer le projet.

Juste avant d'être assassiné, David Palmer partage un instant complice avec son frère Wayne. Au début de cette « journée 5 », ce dernier, depuis longtemps le conseiller le plus proche de son frère, sent bien qu'il est troublé par quelque chose. David est abattu avant d'avoir pu confier à Wayne les preuves concernant le gaz neurotoxique Sentox ; il meurt dans les bras de son frère, impuissant. Plus tard, Wayne aide Jack Bauer à résoudre l'affaire et à transmettre ces informations aux autorités, bien qu'on ait tenté de l'assassiner lui aussi.

ASSASSINATS DE PRÉSIDENTS

David Palmer est le seul ex-président à avoir été tué. En fait, un seul autre a été victime d'une tentative d'assassinat : Theodore Roosevelt, en 1912. Il quitta ses fonctions en 1909, mais se représenta en 1912 et fut touché pendant la campagne électorale à Milwaukee. La balle traversa le texte de son discours avant de le toucher. Mais la blessure n'était pas profonde et l'ancien président survécut – même s'il perdit l'élection. Les présidents encore en fonction quand ils ont été assassinés sont ceux-ci : Abraham Lincoln, James Garfield, William McKinley et John F. Kennedy. Andrew Jackson, Franklin Roosevelt (en campagne), Harry S. Truman, Gerald Ford (par deux fois) et Ronald Reagan, eux, ont tous survécu à des tentatives d'assassinat.

RELEVÉ DE SES FONCTIONS

Le vice-président Jim Prescott assume les fonctions gouvernementales après avoir manœuvré pour obtenir l'éviction de David Palmer lors de la « journée 2 ». Il prend le relais après que le président a refusé de lancer une action militaire alors que la CAT enquête sur une menace nucléaire : Prescott affirme alors que Palmer est déstabilisé par la pression de cette journée et qu'il est inapte à diriger le pays. Plus tard, raison est donnée au président quand Jack Bauer prouve que la menace a été montée de toutes pièces par Peter Kingsley, et Prescott reprend sa place. Peu après, il remplace de nouveau le président, qui a subi une tentative d'assassinat.

25ᴱ AMENDEMENT

Le moyen utilisé pour démettre David Palmer de ses fonctions en faveur de son vice-président Jim Prescott est le quatrième alinéa du vingt-cinquième amendement de la Constitution des États-Unis. Le Congrès adopta cet amendement en 1965 afin de clarifier la procédure à appliquer au cas où le président se trouverait dans l'incapacité d'exercer ses fonctions : si le vice-président et une majorité des membres du cabinet déterminent qu'il n'est pas apte à diriger, il peut être mis à pied et temporairement remplacé par le vice-président.

UNE ALLIANCE FRAGILE

Pendant la « journée 2 », David Palmer accepte, avec réticence, l'aide de son ex-femme Sherry, bien qu'il ne soit pas sûr de ses motivations. Elle lui présente des informations concernant une conspiration qui se développerait au sein du gouvernement, et achève de le convaincre lorsqu'elle lui annonce que Roger Stanton, le chef de la NSA, est impliqué dans le projet. En fait, il s'avère que Sherry et Stanton sont de mèche avec Peter Kingsley pour mettre fin à la présidence de Palmer. Son ex-femme, elle, est motivée par la vengeance : Palmer, en mettant fin à leur mariage, lui a bloqué l'accès au statut de première dame des États-Unis.

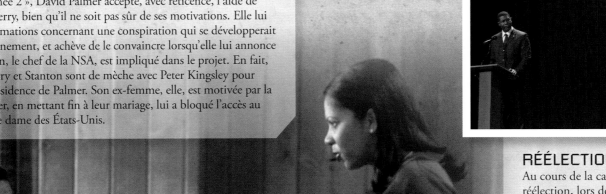

RÉÉLECTION COMPROMISE

Au cours de la campagne pour sa réélection, lors de la « journée 3 », David Palmer débat avec son adversaire républicain, le sénateur John Keeler. Pendant le débat, Palmer doit répondre à une accusation inattendue : Keeler accuse son médecin personnel, le docteur Anne Packard, qui en l'occurrence partage aussi sa vie, d'être impliquée avec son ex-mari dans des malversations financières concernant l'industrie pharmaceutique. L'accusation est fausse, mais Ted, l'ancien mari d'Anne, se donne la mort après avoir fourni les preuves qui disculpent le couple. Le drame pousse le médecin à mettre un terme à sa liaison avec le président. Finalement, Keeler remporte l'élection après l'abandon de Palmer, à l'issue de la « journée 3 ».

CONSEILLER PRÉSIDENTIEL

Lors de la « journée 4 », David Palmer est convoqué à la Maison Blanche pour conseiller le nouveau président Charles Logan dans la crise des missiles nucléaires volés ; Logan l'autorise même à prendre des décisions exécutives. Palmer autorise notamment une mission secrète de Jack Bauer au sein du consulat chinois de Los Angeles et supplie Logan de gracier un mystérieux assassin, Mandy – celle-là même qui avait tenté de le tuer lors de la « journée 2 » –, afin de retrouver la trace de Habib Marwan. Mais sa principale contribution est de sauver la vie de Bauer en l'avertissant du plan qui vise à l'éliminer – ce qui pousse l'agent à simuler sa mort et à disparaître.

SHERRY PALMER

Sherry Palmer a grandi aux côtés de David Palmer, l'a épousé et lui a donné deux enfants tout en soutenant sa carrière de façon déterminée. Néanmoins, elle nourrit aussi des ambitions personnelles dévorantes, qui vont finir par détruire sa vie et la carrière présidentielle de Palmer. Au moment de la « journée 1 », alors que son mari se bat pour obtenir l'investiture démocrate, elle commence à se compromettre dans les pires marchandages politiques. Ce jour-là, son manque d'éthique se retourne contre elle : à la veille de son plus grand triomphe – l'ascension au rôle de première dame des États-Unis –, David décide de divorcer. Amère, Sherry rejoint la conspiration de Peter Kingsley pendant la « journée 2 ». Puis, durant la « journée 3 », elle tente un retour en grâce auprès de son ex-mari – avec un résultat désastreux : la mort d'Alan Milliken. C'est la manipulation de trop, et Julia Milliken finit par l'abattre.

Bien que ce soit lui qui ait mis à leur mariage, David Palmer laisse à deux reprises Sherry revenir dans sa vie, pendant les « journées 2 et 3 ». À chaque fois, les conséquences sont terribles. Malgré tout, jusqu'à sa mort, Sherry affirmera qu'elle aime toujours David et qu'elle veut l'aider, même lorsqu'elle agit pour mettre fin à sa carrière de président.

FICHE SIGNALÉTIQUE

STATUT ACTUEL : décédée
SITUATION DE FAMILLE : divorcée de David Palmer
ENFANTS : 1 garçon, Keith, et 1 fille, Nicole
DIPLÔMES : licenciée ès sociologie (université de Georgetown)
EXPÉRIENCE POLITIQUE :
– Présidente du Club des épouses des membres du Congrès
– Membre du comité mondial de l'USO
– Responsable de la collecte de fonds pour l'association des droits humains des épouses des membres du Congrès
– Présidente du conseil de l'association de lutte contre la famine du Maryland

FOURBE

Sherry en veut à David d'avoir pris ses distances à la suite de la « journée 1 ». Inquiète de connaître ses projets, elle arrive à convaincre son assistante de campagne, Patty Brooks, de l'espionner. Elle la pousse même à faire des avances à son mari – mais Palmer ne mange pas de ce pain-là et licencie immédiatement son assistante. Cet incident est la goutte d'eau de trop et convainc David de rompre avec Sherry, lors de la « journée 1 ». Cela s'avérera bien sûr difficile dans les années qui suivront, puisqu'elle continuera de se mêler de ses affaires personnelles et professionnelles pendant encore pas mal de temps.

ULTIME CONFRONTATION

Les diverses manipulations de Sherry Palmer connaissent une fin brutale vers la fin de la « journée 3 » : Julia Milliken, aux abois, terrifiée à l'idée d'être impliquée dans la mort de son mari, la tue avant de se suicider. Elle accuse Sherry de ce qui lui arrive parce que, plus tôt dans la journée, elle a joué un rôle dans la mort de son mari Alan et qu'elle a ensuite convaincu Julia d'étouffer l'affaire. Mais, quand la vérité éclate au grand jour et que les soupçons se portent sur elle, Julia perd pied et met fin aux machinations de Sherry.

RENCONTRE CLANDESTINE

Jack Bauer oblige Sherry Palmer à rencontrer Peter Kingsley au Coliseum de Los Angeles, vers la fin de la « journée 2 ». Kingsley s'attend à ce qu'elle lui livre l'ingénieur du son Alex Hewitt, un génie de la technologie qui, grâce aux faux enregistrements de Cyprus, a obtenu des preuves du plan du malfaiteur. En fait, sur les ordres de Bauer, Sherry Palmer porte un micro pour aider à démontrer qu'il est bien le responsable des événements de la journée. Elle accepte la rencontre avec l'espoir fou que David lui pardonnera le rôle qu'elle a précédemment joué dans l'affaire Kingsley. Après une ultime confrontation entre ce dernier et l'agent Bauer, Sherry est arrêtée. Mais Palmer la fait libérer à la suite de la « journée 2 ».

Dès le début de leur rencontre, Kingsley suspecte Sherry Palmer et, au bout de quelques instants, ordonne de l'abattre. Mais, depuis sa position éloignée, Jack Bauer commence à tirer sur les hommes de Kingsley, ce qui permet à la femme de s'échapper.

Julia Milliken tient en joue Sherry Palmer, qui tente désespérément de la calmer. Ses efforts sont inutiles et, quelques secondes plus tard, elle est morte.

WAYNE PALMER

Le parcours de Wayne Palmer fait étonnamment écho à celui de son frère David. Wayne est un athlète réputé, un ancien marine et un avocat à succès, qui devient enfin le chef de cabinet du président Palmer. Lors de la « journée 3 », une ancienne liaison extraconjugale impliquant Wayne pousse David à abandonner la bataille pour sa réélection. Puis, au cours de la « journée 5 », l'ancien président est abattu, ce qui pousse son frère à mettre en péril sa propre vie pour faire tomber l'administration Logan. Des mois plus tard, Wayne remporte à son tour l'élection présidentielle. Il doit aussitôt faire face à une crise terroriste majeure, lors de la « journée 6 ». Il hésite sur la manière de réagir et, suite à ses décisions, il est victime d'une tentative d'assassinat qui le laisse inconscient. Par miracle, il se réveille juste à temps pour empêcher une attaque nucléaire et les manœuvres qui visent à l'écarter de la présidence. Mais l'effort consenti pour parvenir à cela est trop important. Tout comme son frère David, Wayne en paie le prix : il est victime d'une hémorragie cérébrale et sombre dans le coma.

CAMARADES

Cette photo montre le président David Palmer (à gauche) aux côtés de son frère, qui est alors son chef de cabinet, lors de la « journée 3 ». Wayne a toujours été l'ami le plus proche de David, son confident. Après avoir renvoyé Mike Novik, à la fin de la « journée 2 », David décide de se tourner vers lui pour lui demander conseil et le nomme chef de son cabinet. Cette décision fait des deux hommes les frères les plus puissants à ce niveau de l'exécutif depuis que Robert Kennedy a tenu le rôle de procureur général pour John F. Kennedy, au début des années 1960.

SECRETS HONTEUX

À 22 h 28, lors de la « journée 3 », Wayne retrouve Julia Milliken, son ancienne maîtresse, pour tenter de persuader son mari Alan de cesser de menacer l'administration Palmer : ayant appris sa liaison avec sa femme, Milliken veut que Wayne soit licencié et menace les projets législatifs de son frère. Julia, quant à elle, veut renouer avec son ancien amant. Quand il la rejette, elle refuse d'intercéder en sa faveur.

SANDRA PALMER

Sandra Palmer, la sœur de David et de Wayne, est une célèbre avocate des droits civils. Elle est la conseillère légale de l'Alliance islamo-américaine. Lors de la « journée 6 », son collègue Walid Al-Rezani et elle s'opposent à la décision du président Palmer de placer des musulmans en détention. Plus tard, Sandra prend la décision – riche en conséquences – de faire sortir Wayne de son coma grâce à une injection.

L'HEURE DE L'ACTION

À 22 h 53, lors de la « journée 5 », Wayne Palmer doit agir s'il veut venir en aide à Jack Bauer pour sauver la fille d'Evelyn Martin, alors aux mains des hommes de Christopher Henderson – et cela dans le but de venger l'assassinat de son frère. Bauer donne une arme à l'ancien marine et lui demande d'éliminer un garde, bien qu'il n'ait jamais tiré sur personne. Wayne s'exécute, ce qui permet à l'agent de sauver la fille.

IMPROBABLE DUO

Au cours de la « journée 6 », le président Palmer, dans le bunker de la Maison Blanche, doit faire face à un terroriste, Hamri Al-Assad. Wayne Palmer décide de s'assurer son soutien en marginalisant le fanatique qui a organisé les attaques de cette journée, Abu Fayed. Pour cela, il demande à Al-Assad de tenir un discours aux musulmans pour les enjoindre de refuser de verser le sang. Ses hommes travaillent sur ce texte au moment où Palmer est victime d'une tentative d'assassinat. Ironie du sort, c'est Al-Assad lui-même, un homme qui a beaucoup de sang sur les mains, qui sauve la vie du président en se plaçant devant lui au moment où on lui tire dessus. Le terroriste meurt sur le coup, et Palmer est sévèrement blessé.

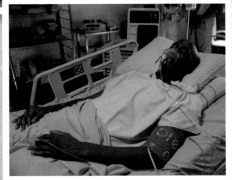

FICHE SIGNALÉTIQUE

ÂGE : information classée top secret

LIEU DE NAISSANCE : information classée top secret

SITUATION DE FAMILLE : célibataire

ENFANTS : sans

PARENTS : David Palmer (frère, décédé), Sandra Palmer (sœur)

DIPLÔMES :
– Docteur ès droit (université de Yale)
– Licencié ès sciences politiques, bourse de quatre ans obtenue grâce au base-ball (université de Stamford)

EXPÉRIENCE PROFESSIONNELLE :
– Président des États-Unis
– Directeur de cabinet du président des États-Unis David Palmer
– COO de la Milliken Enterprise
– Avocat (Anderson & Siebertz)

CARRIÈRE MILITAIRE :
corps des marines des États-Unis

CHUTE

Tom Lennox, Karen Hayes et d'autres assistants se précipitent sur Wayne Palmer au moment où il s'écroule, à 23 h 44 lors de la « journée 6 », après avoir annoncé que la crise terroriste est enfin achevée. C'est l'instant de son plus grand triomphe en tant que président. Mais la pression qu'il a subie au cours de la crise, se maintenant à flot grâce à des poussées d'adrénaline et s'abstenant de tout suivi médical, va lui faire payer le prix fort : alors qu'il est en train de s'adresser aux médias, il tombe, victime d'une hémorragie cérébrale. Il plonge dans le coma : c'est la fin de sa présidence.

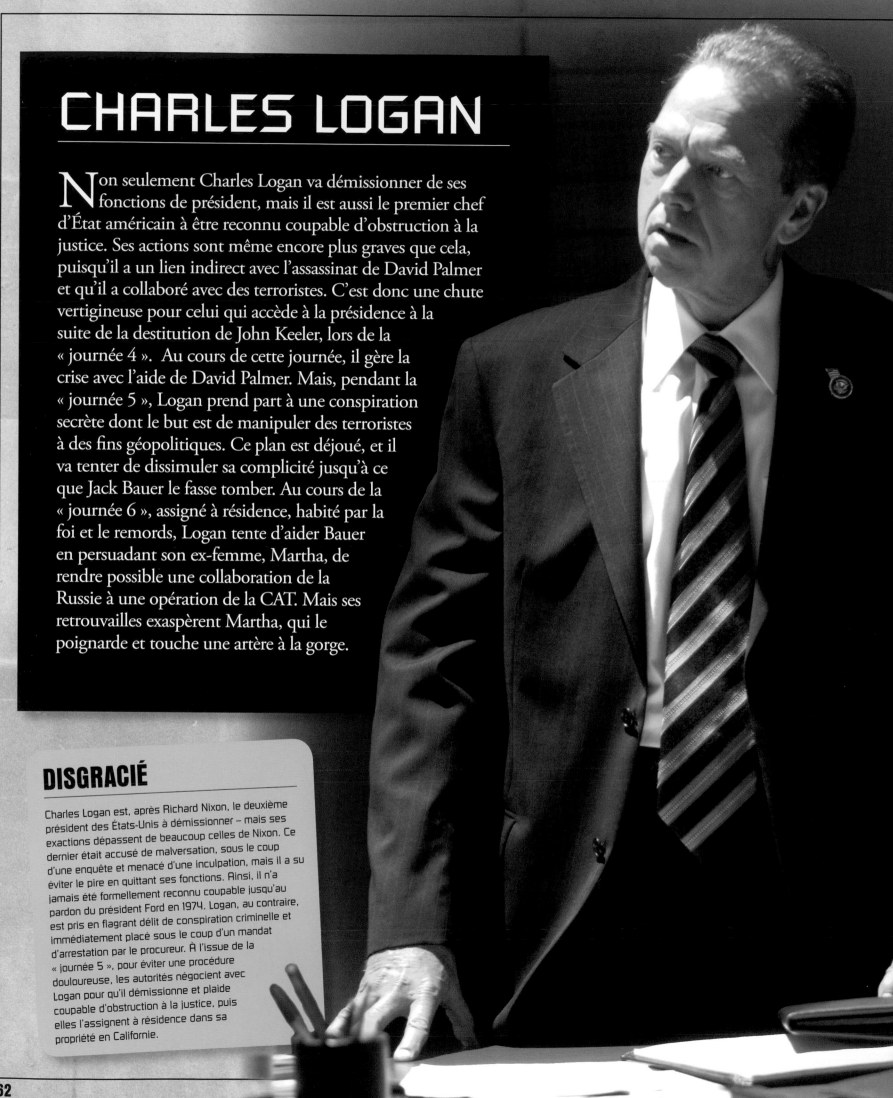

CHARLES LOGAN

Non seulement Charles Logan va démissionner de ses fonctions de président, mais il est aussi le premier chef d'État américain à être reconnu coupable d'obstruction à la justice. Ses actions sont même encore plus graves que cela, puisqu'il a un lien indirect avec l'assassinat de David Palmer et qu'il a collaboré avec des terroristes. C'est donc une chute vertigineuse pour celui qui accède à la présidence à la suite de la destitution de John Keeler, lors de la « journée 4 ». Au cours de cette journée, il gère la crise avec l'aide de David Palmer. Mais, pendant la « journée 5 », Logan prend part à une conspiration secrète dont le but est de manipuler des terroristes à des fins géopolitiques. Ce plan est déjoué, et il va tenter de dissimuler sa complicité jusqu'à ce que Jack Bauer le fasse tomber. Au cours de la « journée 6 », assigné à résidence, habité par la foi et le remords, Logan tente d'aider Bauer en persuadant son ex-femme, Martha, de rendre possible une collaboration de la Russie à une opération de la CAT. Mais ses retrouvailles exaspèrent Martha, qui le poignarde et touche une artère à la gorge.

DISGRACIÉ

Charles Logan est, après Richard Nixon, le deuxième président des États-Unis à démissionner – mais ses exactions dépassent de beaucoup celles de Nixon. Ce dernier était accusé de malversation, sous le coup d'une enquête et menacé d'une inculpation, mais il a su éviter le pire en quittant ses fonctions. Ainsi, il n'a jamais été formellement reconnu coupable jusqu'au pardon du président Ford en 1974. Logan, au contraire, est pris en flagrant délit de conspiration criminelle et immédiatement placé sous le coup d'un mandat d'arrestation par le procureur. À l'issue de la « journée 5 », pour éviter une procédure douloureuse, les autorités négocient avec Logan pour qu'il démissionne et plaide coupable d'obstruction à la justice, puis elles l'assignent à résidence dans sa propriété en Californie.

FICHE SIGNALÉTIQUE

STATUT ACTUEL : décédé

LIEU DE NAISSANCE : confidentiel

SITUATION DE FAMILLE : divorcé de Martha Logan au moment de son décès

ENFANTS : sans

DIPLÔMES :
deug en art et en histoire (université de Princeton)

EXPÉRIENCES PROFESSIONNELLES :
– Président des États-Unis
– Vice-président des États-Unis
– Sénateur républicain, État de Californie
– Vice-gouverneur de Californie
– Corps législatif de l'État de Californie (Santa Barbara)
– Président de Western Energy Coal & Reserve
– Vice-président de Western Energy Coal & Reserve
– Directeur de Pacific Nuclear Energy

RÉCOMPENSES : chef d'entreprise de l'année, secteur ressources énergétiques

DÉCOURAGÉ

Apprenant que Jack Bauer est parvenu à s'échapper avec, en sa possession, un enregistrement qui l'incrimine, Charles Logan comprend qu'il est démasqué. Il se saisit d'un pistolet de calibre 45 et pense sérieusement à se donner la mort – une tentation qu'il reporte le temps d'une visite à sa femme et d'un verre avec elle. Avant qu'il ne trouve le courage de se suicider, il reçoit un appel de Miles Papazian, un fonctionnaire du Département de la sécurité intérieure, depuis les locaux de la CAT : celui-ci lui propose de détruire le document sonore en échange de son amitié politique. Logan range donc son pistolet – mais assistera à sa chute quelques heures plus tard.

EN ÉTAT D'ARRESTATION

« Journée 5 », 06 h 43. À l'issue de son discours en mémoire de David Palmer, le président Logan est abasourdi quand il apprend qu'un marshal fédéral s'apprête à l'arrêter. Logan résiste. Le marshal sort alors de la poche du président un stylo qui contient un micro et fait comprendre que son mandat s'appuie sur des preuves concrètes : ce micro, placé là par Jack Bauer, a en effet permis à la CAT d'enregistrer la confession que Logan a faite à sa femme au cours d'une discussion houleuse, quelques instants auparavant. Cet enregistrement, diffusé au procureur, a permis d'émettre immédiatement un mandat d'arrestation. À cet instant, l'homme comprend que sa présidence est finie.

CONFRONTATION

« Journée 5 », 06 h 22. Jack Bauer menace d'abattre Charles Logan s'il n'admet pas sa participation au complot du gaz neurotoxique. Malgré sa terreur, le président parie – à raison – sur le fait que l'agent n'appuiera pas sur la gâchette. En effet, Bauer ne tire pas. Mais Logan ne comprend pas qu'il s'agit d'une manœuvre qui permet de placer un micro sur lui – une stratégie qui va s'avérer payante.

COUP MORTEL

Charles Logan, en ambulance et sous respirateur, prononce dans un souffle le nom de son ex-femme, Martha. Alors qu'il vient lui rendre visite, plus tôt dans la « journée 6 », elle le blesse gravement d'un coup de couteau de cuisine : vu leur histoire commune, il a suffi à Martha de simplement voir son ex-mari pour perdre son contrôle et l'attaquer, sans qu'il l'ait même provoquée. Elle a touché une artère et Logan est emmené d'urgence à l'hôpital.

MARTHA LOGAN

La première dame des États-Unis, Martha Logan, est l'épouse du président Charles Logan, mais c'est aussi celle qui va provoquer sa chute et sa mort. Elle a été par le passé sa plus proche conseillère, et elle a eu aussi à lutter contre une maladie mentale. Au cours de la « journée 5 », sa vie est bouleversée par la mort de son ami David Palmer. Elle se convainc rapidement que certains événements sont liés à cet assassinat. Mais Logan refuse d'écouter ses inquiétudes, et leur union vole en éclats lorsqu'elle réalise que son mari est un homme corrompu, décidé à la laisser mourir dans une attaque terroriste. Dès lors, accompagnée d'un agent des services secrets, Aaron Pierce, elle va aider Jack Bauer à faire tomber le président. Après la « journée 5 », elle divorce et entre dans une clinique spécialisée dans les maladies mentales. Lors de la « journée 6 », Logan, qui affirme avoir changé, fait sa réapparition pour soutenir une opération de la CAT. En le voyant, Martha est prise d'un coup de folie et le poignarde. Depuis, elle vit recluse chez elle, attendant que les autorités statuent sur son cas.

MAUVAISE NOUVELLE
Après s'être rageusement coupé les cheveux, Martha Logan va devoir affronter un problème plus grave : « journée 5 », 07 h 28, Walt Cummings se présente à sa porte. Il vient lui annoncer que David Palmer a été assassiné. La nouvelle obligera Martha à se battre pour prouver que les autres événements sont liés au meurtre de l'ancien président.

PROTECTEUR

Martha Logan, en présence de son partenaire et protecteur Aaron Pierce, ex-agent des services secrets, affronte son ancien mari Charles, à 18 h 45 lors de la « journée 6 ». Elle se joue de lui, à cause de son étroite relation avec Pierce, mais elle est rapidement excédée par sa présence et le poignarde avec un couteau de cuisine.

FICHE SIGNALÉTIQUE

STATUT ACTUEL : sous le coup d'une enquête pour avoir poignardé Charles Logan, assignée à résidence à la maison de repos et de santé mentale de Meadowcreek

LIEU DE NAISSANCE : Weston (Connecticut)

SITUATION DE FAMILLE : divorcée de Charles Logan

AMIS : Wayne et Sandra Palmer

DIPLÔMES : deug en art et histoire de l'art (université de Stanford)

EXPÉRIENCE PROFESSIONNELLE :
– Première dame des États-Unis
– Conseil d'administration du musée de Santa Barbara
– Collectrice de fonds pour les foyers d'accueil de la Californie du Sud
– Représentante de la galerie Shine Walden

RÔLE MAJEUR

Evelyn Martin, l'assistante personnelle de Martha Logan, lui tend une copie du communiqué de presse du président qui cache la vérité à propos de la mort de Walt Cummings, à 14 h 07 lors de la « journée 5 ». Evelyn Martin joue un rôle majeur dans le dénouement des intrigues de cette journée. C'est en effet grâce à elle qu'est trouvé l'enregistrement audio qui prouve les exactions du président Logan.

POUSSÉE À AGIR

Martha Logan, terrifiée, s'empare du pistolet qu'a laissé tomber Adams, un agent des services secrets fidèle à son mari, et abat l'homme avant qu'il ne puisse tuer Aaron Pierce dans une lutte âpre près des écuries de la maison de campagne du président. Pierce demande à Martha de ne rien dire à personne d'autre, excepté à Mike Novick : ainsi, Logan le croira mort.

AMIES PROCHES

« Journée 5 », 15 h 54. Martha Logan et son amie Anya Suvarov, la première dame de Russie, attendent que le cortège automobile prenne la direction de l'aéroport. Martha sait que Charles Logan a fourni l'itinéraire du couple présidentiel russe à des terroristes, probablement pour devancer une nouvelle attaque au gaz neurotoxique, et que les Suvarov peuvent tomber dans une embuscade. Elle décide donc de voyager avec eux, espérant que son mari détourne le cortège avant qu'il ne soit trop tard.

AARON PIERCE

omme il a intégré les services secrets américains pendant le second mandat de Ronald Reagan, Aaron Pierce est un haut gradé quand il quitte l'agence, à l'issue de la « journée 5 ». Pendant cette période, il s'est lié d'amitié avec un président et son épouse, et il a fait preuve de fidélité et de courage. Lors de la « journée 1 », il est chargé d'assurer la sécurité du candidat à la présidence David Palmer, aide la CAT à déjouer deux tentatives d'assassinat contre ce dernier et fait la connaissance de Jack Bauer. Au cours de la « journée 2 », il est responsable de la sécurité du président Palmer et, quand celui-ci quitte le Bureau ovale, il l'aide à entrer en communication avec Bauer, ce qui lui vaut d'être arrêté. Pierce réintègre ses fonctions après la « journée 2 » et, pendant la « journée 3 », il est le garde du corps de Palmer, plongé en plein cœur d'une crise majeure. Lors de la « journée 4 », il est assigné à la protection du président Logan et découvre, au cours de la « journée 5 », l'implication de celui-ci dans l'affaire du gaz neurotoxique Sentox. Il sauve Martha Logan et le couple présidentiel russe, échappe à une tentative de meurtre et aide Bauer à établir la culpabilité de Logan.
Puis il prend sa retraite et s'engage dans une histoire sentimentale avec Martha Logan, avant que ne débute la « journée 6 ».

ASSAILLIS

Aaron Pierce fait feu sur les assaillants de la limousine de Martha Logan et du couple Suvarov avec une redoutable efficacité. Les hommes de Vladimir Bierko ont tendu une embuscade et tirent sur la voiture au lance-roquettes. Mais l'ex-agent a le réflexe d'ordonner au chauffeur de la voiture de faire demi-tour et évite ainsi qu'elle soit heurtée de plein fouet. Sonné par le choc, Pierce reprend connaissance à temps pour abattre les criminels les plus proches du véhicule et tient les autres à distance jusqu'à l'arrivée de la police.

FICHE SIGNALÉTIQUE

STATUT ACTUEL : retraité

LIEU DE NAISSANCE : confidentiel

SITUATION DE FAMILLE : divorcé, entretient une liaison avec Martha Logan

ENFANTS : 1 fils

EXPÉRIENCE PROFESSIONNELLE :
– Agent des services secrets des États-Unis : trente ans de service passés à la protection du président, du vice-président et d'invités de marque

UN LIEN ÉTROIT

Après que Martha a divorcé de Charles Logan, Aaron Pierce, jeune retraité, commence à la fréquenter. Leur histoire devient sentimentale : il est le seul à pouvoir l'apaiser pendant ses moments de rage incontrôlée. Ainsi, lorsqu'elle attaque son ex-mari au matin de la « journée 6 », il parvient à la calmer en lui rappelant sa promesse de reprendre contact avec la première dame de Russie, Anya Suvarov.

« Journée 1 », 07 h 25. Aaron Pierce fait la connaissance de Jack Bauer pendant la conférence de presse du président Palmer, dont la sécurité est gérée par Ira Gaines.

« Journée 2 », 17 h 39. Aaron Pierce crypte un appel que passe Palmer via un téléphone par satellite. Un acte pour lequel il va être arrêté.

RÔLE MAJEUR

Les rapports étroits qu'entretient Aaron Pierce avec les dirigeants du pays l'amènent à être régulièrement mêlé aux enquêtes de la CAT. Ainsi, quand il rencontre Jack Bauer, au cours de la « journée 1 », il est en fait à ses trousses pour l'arrêter ou même le tuer parce qu'il croit que c'est un assassin. Lors de la « journée 3 », après sa libération, il fait passer l'intérêt commun avant son devoir professionnel et prête main-forte à Palmer. Puis, pendant la « journée 5 », Pierce s'implique totalement dans une guerre au cours de laquelle se joue l'avenir des États-Unis, et il risque sa carrière et sa vie pour livrer un juste combat.

SERVICES SECRETS

Les services secrets des États-Unis sont fondés en 1865 pour enquêter sur – et empêcher – la contrefaçon de la devise américaine. Cette tâche, ainsi que la prévention d'actes frauduleux à l'encontre du gouvernement fédéral, fait encore partie de leurs attributions. Mais la mission de protéger le président, le vice-président, leurs familles, les ex-chefs d'État, les principaux candidats et leurs proches est devenue au cours des années leur priorité principale. C'est en 1901, après l'assassinat du président William McKinley, qu'on décide d'assigner deux gardes du corps à plein temps au chef de l'État. Ils sont aujourd'hui des centaines à veiller à sa sécurité.

DISGRÂCE

« Journée 5 ». Attaché, passé à tabac, Aaron Pierce, dégoûté, écoute Charles Logan se justifier de ses actes illégaux. Il est en train de lui expliquer que la preuve qui l'incrimine a été détruite et qu'il est prêt à le relâcher s'il promet de garder le silence sur ses exactions. Mais Pierce lui dit qu'il est un traître et la honte de la nation. Logan ordonne alors sa mort – mais l'ex-agent secret parvient à s'échapper.

MIKE NOVICK

Mike Novick est déjà un homme politique expérimenté lorsqu'il devient le chargé de campagne de David Palmer et qu'il l'aide à naviguer entre les scandales et les crises de la « journée 1 ». Mais, quand il devient le chef de cabinet du nouveau président, il réalise qu'être le conseiller de l'homme le plus puissant du monde est un poste à haut risque. Durant la « journée 2 », il prend par exemple une mauvaise décision : il juge que la décision de Palmer de retarder l'échéance d'une contre-attaque contre les terroristes est une faute, et participe à la tentative de destitution du président. Plus tard, il se rend compte de son erreur et aide la CAT à arrêter Peter Kingsley. Mais David Palmer se sépare quand même de lui. Lorsque commence la « journée 4 », Novick est cette fois-ci conseiller principal du vice-président Charles Logan. Quand Logan devient président, au cours d'une crise terroriste, il parvient à le convaincre de faire appel à Palmer pour orienter les actions de la Maison Blanche. Durant la « journée 5 », Novick devient le chef de cabinet de Logan et découvre vite, horrifié, que le président est lui aussi impliqué dans la conspiration de cette journée. Il aide à le faire tomber et, après cela, quitte toute fonction gouvernementale.

UNE SITUATION DÉLICATE

La CAT tient Mike Novick au courant de l'évolution de la crise à l'aéroport de l'Ontario tôt dans la « journée 5 », tandis que Walt Cummings et le président Logan attendent impatiemment. Quand on apprend que Cummings fait partie de la conspiration de la « journée 5 », en tant que taupe travaillant au sein du gouvernement, Novick le remplace dans ses fonctions de chef de cabinet.

COLLÈGUES

Pendant la « journée 2 », Mike Novick et Lynne Kresge sont les principaux conseillers de David Palmer. Mais la situation change quand le premier décide de soutenir la tentative du vice-président Prescott de faire destituer Palmer. Novick fait temporairement incarcérer Kresge pour éviter qu'elle n'alerte le président, mais elle se blesse grièvement en essayant de s'échapper – un lourd fardeau qui le hante encore aujourd'hui.

CHEF DE CABINET

Le chef de cabinet de la Maison Blanche est le personnage officiel le plus haut placé du bureau exécutif du président, le plus gradé de ses conseillers. Traditionnellement, il est responsable de l'agenda présidentiel et exerce une grande influence sur l'organisation de son emploi du temps et sur ses réunions. La Constitution ne dit rien sur ce poste, et John F. Kennedy, par exemple, n'a jamais nommé de chef de cabinet. Mike Novick n'est que le deuxième homme de l'histoire à avoir exercé cette fonction auprès de deux présidents. Le premier a été James Baker, qui a travaillé sous Ronald Reagan et George Bush.

AUTRES CONSEILLERS PRINCIPAUX

THOMAS LENNOX

Le CV de Lennox en tant qu'expert gouvernemental est impressionnant. Il est l'un des conseillers de David Palmer lors de sa campagne. Mais il ne rejoint la Maison Blanche qu'après l'élection de Wayne Palmer, quand il est nommé chef de cabinet. En fait, c'est Lennox qui a insisté pour qu'il se présente, avec Noah Daniels comme vice-président. Lors de la « journée 6 », il manœuvre avec adresse en eaux troubles : il affronte Palmer à propos d'une initiative politique controversée et dévoile le rôle de Reed Pollack dans la tentative d'assassinat du président. De plus, il parvient à louvoyer entre les partisans de Palmer et ceux de Daniels : d'abord, il empêche ce dernier de retirer son mandat à Palmer ; mais, lorsque celui-ci est blessé, il seconde Daniels avec efficacité et tente de se rapprocher de ceux qu'il a combattus durant la crise.

REED POLLACK

Pollock est chef de cabinet adjoint, second de Tom Lennox. Au cours de la « journée 6 », on découvre qu'il a participé à la conspiration. Il tente d'inclure Lennox dans le complot, l'agresse quand il refuse, permet de faire pénétrer des composants mortels dans le bunker de la Maison Blanche et pose la bombe qui blesse Palmer. Lennox le livre aux autorités. Depuis, Pollock tente de négocier pour échapper à la peine capitale.

WALT CUMMINGS

Chef de la sécurité du président Logan lors de la « journée 4 », il est à l'origine du plan visant à tuer Jack Bauer. Au cours de la « journée 5 », devenu chef de cabinet, il est impliqué dans la conspiration du gaz neurotoxique Sentox. Il est convaincu que ce plan va renforcer l'influence américaine à l'étranger. Il est démasqué et, plus tard, on le découvre pendu.

DR. ARTHUR WELTON

Durant la « journée 6 », Welton est le médecin en charge de l'équipe médicale de la Maison Blanche, qui veille sur le président Wayne Palmer. Il est forcé d'obéir à la volonté de la sœur du président lorsqu'elle insiste pour que son frère, plongé dans un coma artificiel, soit ranimé. Mais comme l'a prévu Welton, Palmer ne peut supporter un tel choc et subit une hémorragie cérébrale.

KAREN HAYES

Ancien agent du FBI et de la Sécurité intérieure, Hayes prend le contrôle de la CAT lors de la « journée 5 ». Elle comprend rapidement que le problème vient du président Charles Logan et non de la cellule. Après la « journée 5 », elle redonne ses pouvoirs à l'agence, puis épouse Bill Buchanan. Au cours de la « journée 6 », certaines retombées politiques la forcent à démissionner.

TED SIMMONS

C'est l'un des principaux membres du service de sécurité de David Palmer lors de la « journée 2 ». Le président lui ordonne d'effectuer un travail qui sort du cadre de ses attributions : interroger Roger Stanton, le chef de la NSA. Palmer sait que Simmons, ancien membre des forces spéciales, a de l'expérience en matière d'interrogatoire, et il lui demande de forcer Stanton à dévoiler ce qu'il sait au sujet du complot.

LYNNE KRESGE

Lynne Kresge, conseillère du président David Palmer lors de la « journée 2 », a de forts soupçons concernant le directeur adjoint de la NSA, Eric Rayburn, ainsi que sur Sherry Palmer. Plus tard, elle marque son désaccord avec Mike Novick à propos de la tentative de destitution du président, et tente de prévenir ce dernier. Mais Novick la fait emprisonner – illégalement – pour l'empêcher de parler.

Lisa Miller

C'est la principale assistante du vice-président Daniels, et aussi sa maîtresse, lors de la « journée 6 ». Pourtant, elle a en même temps une aventure avec le lobbyiste Mike Bishop, un espion à la solde des Russes. Daniels apprend cette liaison et force Lisa Miller à fournir de fausses informations à son amant. Mais celui-ci suspecte quelque chose et l'étrangle.

Elizabeth Nash

C'est l'assistante de campagne de David Palmer, et aussi la fille d'un de ses plus proches amis. Lors de la « journée 1 », elle a rendez-vous avec son petit ami, Alexis Drazen, qui se sert d'elle pour découvrir l'itinéraire du candidat afin de préparer son assassinat. Lorsque la CAT découvre l'affaire, elle demande à la jeune femme de la conduire au criminel.

JENNY DODGE

Dodge est la première secrétaire présidentielle chargée des relations avec la presse de l'administration Palmer. Lors de la « journée 2 », le président la charge d'empêcher les médias de diffuser les détails du complot terroriste nucléaire. Mais sa tâche est compromise par Ron Wieland, un reporter qui s'accroche à cette histoire. Jenny Dodge est aussi aux côtés du président lorsque Mandy tente de le tuer, à la fin de la « journée 2 ».

DR. ANNE PACKARD

Le docteur Packard est le médecin chargé à plein temps de veiller sur la santé du président David Palmer. Elle continue à s'occuper de lui lors de la « journée 3 » et, au fil du temps, une idylle naît entre le président et le médecin. Mais un scandale impliquant l'ex-mari de Packard lui fait comprendre qu'elle ne sera pas capable de supporter l'attention perpétuelle des médias sur elle, et elle finit par rompre.

CARL WEBB

Voici un agent gouvernemental qui n'a pas froid aux yeux. Lors de la « journée 1 », il s'avère que Webb est en fait à la solde de mystérieux financiers qui souhaitent contrôler Palmer. Mais Keith Palmer enregistre l'agent en train de faire une déclaration qui le met en cause, et David remet l'enregistrement aux autorités.

PATTY BROOKS

Patty Brooks organise la campagne de David Palmer lors des primaires de la « journée 1 ». Sherry utilise la jeune femme comme un pion dans la lutte qui l'oppose à son mari : après leur rupture, elle parvient à convaincre Patty de lui faire des avances. Sherry espère ainsi avoir un moyen de pression pour obtenir des informations sur ses projets. Mais Palmer découvre la ruse et licencie aussitôt Patty Brooks.

JAMES HELLER

James Heller est un membre influent de la défense américaine quand le président John Keeler le nomme secrétaire à la Défense. Avant que ne débute la « journée 4 », il engage Jack Bauer comme conseiller. Celui-ci est amené à collaborer étroitement avec Audrey Raines, analyste politique et fille de Heller, et il aura une liaison avec elle. Tous les trois plus Richard, le fils de James, subissent les événements de la « journée 4 », quand des terroristes enlèvent Heller et Raines, avec le projet de diffuser par Internet l'exécution du secrétaire à la Défense. Bauer parvient à les sauver. Heller réapparaît pendant la « journée 5 » pour tenter de pousser le président Charles Logan à la démission. Quand Christopher Henderson menace James pour sauver sa propre peau, il précipite sa voiture dans un ravin. Il survit par miracle puis quitte le gouvernement pour convalescence. Il fait un bref retour à la CAT pour renouer avec Audrey – et prier Bauer de rester à distance de sa fille.

SACRIFICE DE SOI
Tard dans la « journée 5 », James Heller réalise qu'il est la cible d'un hélicoptère piloté par les hommes d'Henderson. Par téléphone, il ordonne à Bauer de ne pas laisser le criminel s'échapper et accepte de se sacrifier en précipitant sa voiture dans un ravin. En tombant depuis une route de montagne, il finit dans un lac. Par chance, il survit à sa chute.

PRIS POUR CIBLE

Audrey Raines est aux côtés de son père quand les terroristes les attaquent et les enlèvent tous les deux.

« Journée 4 » : des terroristes prennent pour cible James Heller et ses enfants, Richard et Audrey, dans le but d'anéantir la CAT et d'humilier le gouvernement américain. Avant que ne commence la « journée 4 », une mercenaire connue sous le nom de Mandy tend un piège à Richard en le poussant dans les bras d'un homme. Le but de la manœuvre est de réussir à placer un mouchard dans son téléphone cellulaire pour pouvoir localiser James Heller et de laisser de fausses traces d'appels passés à Marwan afin de tromper les enquêteurs. Quand Audrey et son père sont enlevés, Richard est immédiatement suspecté par la CAT, qui se fonde sur des communications téléphoniques douteuses. Il est brièvement torturé et, par la suite, son propre père lui fait subir un interrogatoire. Leurs opinions politiques divergentes ont sans aucun doute contribué à ralentir l'avancée de l'enquête. Richard refuse par exemple d'évoquer son rendez-vous galant avec un homme car il ne veut pas que Heller apprenne son homosexualité. Il s'en expliquera plus tard – ce qui n'empêchera pas la détérioration de leurs relations.

Richard Heller entretient des relations houleuses avec son père – ce sera encore plus difficile au cours de la « journée 5 ».

Malgré un interrogatoire poussé, la CAT n'arrive pas à établir comment Richard Heller a pu se faire placer un mouchard dans son téléphone. Quand il est interrogé par son père, Richard révèle finalement ce qu'il voulait cacher : il a dû être piégé au cours d'une aventure homosexuelle.

FICHE SIGNALÉTIQUE

ÂGE : confidentiel

LIEU DE NAISSANCE : confidentiel

SITUATION DE FAMILLE : veuf (de Susan Heller)

ENFANTS : 1 fille, Audrey, et 1 fils, Richard

DIPLÔMES : deug en art et en science politique (université de Yale)

EXPÉRIENCE MILITAIRE :
– Officier d'artillerie
– Pilote et instructeur de vol
– Capitaine de réserve

EXPÉRIENCE PROFESSIONNELLE :
– Secrétaire du Département de la défense (cabinet présidentiel)
– Président et directeur d'Anderson Aerospace
– Directeur de Ballard Technologies
– Bouclier antimissile des États-Unis, conseiller du président
– Membre de la commission d'évaluation de la politique de sécurité intérieure
– Directeur du programme présidentiel de stabilisation économique
– Congrès des États-Unis, membre de la Chambre des représentants
– Membre du comité des forces armées
– Membre du comité des saisies immobilières
– Président de la société des sciences appliquées d'aviation

DÉCORATIONS :
– Médaille présidentielle de la liberté
– Responsable de l'aérospatiale de l'année
– Membre du conseil de National Park Foundation
– Membre du conseil de la Freedom Foundation
– Bourse d'études NROTC

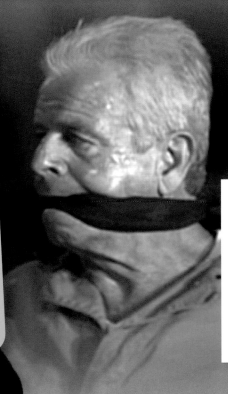

SEC'DEF

James Heller est nommé secrétaire à la Défense (ou « sec'def », comme on dit de façon officieuse dans les rangs de l'armée) et reste à ce poste sous l'autorité du président Logan jusqu'à ce qu'il soit blessé par sa chute dans un ravin. Ce poste confère un pouvoir immense : il représente l'autorité civile sur les forces armées américaines et supervise ses différents corps. Bien que la CAT soit une branche de la CIA, Heller met en place une collaboration étroite entre l'agence et le Département de la défense. Il s'adjoint les services de Jack Bauer en tant que conseiller technique et charge sa fille, Audrey Raines, d'assurer la liaison entre les deux administrations. Au cours de la « journée 4 », il prend temporairement la direction de la CAT après le départ d'Erin Driscoll.

OTAGE

« Journée 4 » : comme le montre la vidéo diffusée sur Internet, James Heller est l'otage de terroristes qui ont pour objectif d'égarer les enquêteurs de la CAT en brouillant les pistes. Ils programment de filmer et de diffuser sur Internet l'exécution du haut fonctionnaire. Heller et sa fille Audrey ne cèdent pas à la panique et tentent même de s'échapper, avant de songer à se donner la mort. Mais Jack Bauer parvient à les sauver.

AUDREY RAINES

Audrey Raines, la fille de James Heller, est une analyste de renom au sein du Département de la défense lorsqu'elle tombe amoureuse de Jack Bauer. Au cours de la « journée 4 », elle est kidnappée avec son père, puis sauvée par l'agent. Elle aide la CAT, mais rompt avec Bauer quand ses actes entraînent la mort de son ex-mari, Paul. Pourtant, quand son ancien amant fait croire à sa mort et disparaît, elle est dévastée. Lors de la « journée 5 », tandis qu'elle fait la liaison entre la CAT et la Défense, elle apprend qu'il est toujours en vie ; elle l'aide à apporter à son père des preuves qui mettent en cause le président Logan. Audrey survit à un coup de couteau donné par Christopher Henderson et, une fois la crise terminée, espère pouvoir se remettre avec Bauer. Mais des Chinois enlèvent l'agent, puis la jeune femme, partie à sa recherche en Chine. Elle est torturée et, quand Cheng Zi la livre à Bauer dans le cadre d'un échange illicite, lors de la « journée 6 », elle est devenue catatonique. Bien qu'elle puisse à peine parler, elle fournit à l'agent un indice crucial. James Heller la ramène chez elle et, à la fin de la « journée 6 », Jack Bauer préfère prendre ses distances pour lui épargner une vie pleine de dangers.

DÉCÉDÉE

La fiche d'Audrey Raines au Département de la défense est frappée du terme « décédée » avant la « journée 5 », après que le gouvernement américain a reçu la preuve qu'elle a été tuée dans un accident de voiture en Chine tandis qu'elle était à la recherche de Jack Bauer. Mais tout cela fait partie d'un plan complexe. Les Chinois ont kidnappé Raines et ont fait croire à sa mort pour s'en servir plus tard comme moyen de pression sur le gouvernement américain. Ils lui font subir des tortures physiques et mentales avant de l'utiliser comme un pion pour obliger Bauer à récupérer de la technologie russe top secrète.

72

FICHE SIGNALÉTIQUE

STATUT ACTUEL : hospitalisée dans un état semi-catatonique, traumatisée par d'importants sévices mentaux et physiques

LIEU DE NAISSANCE : Providence (Rhode Island)

SITUATION DE FAMILLE : veuve (de Paul Raines)

PARENTS : James Heller (père), Alicia Heller (mère), Susan Heller (belle-mère), Richard Heller (demi-frère)

DIPLÔMES :
– Maîtrise de sciences civiques (université Brown)
– Licenciée ès anglais (université de Yale)

EXPÉRIENCE PROFESSIONNELLE :
– Agent de liaison inter-agences (Département de la défense)
– Analyste en chef (Département de la défense)
– Consultante pour les contrats avec le gouvernement (Anderson Aerospace)
– Liaison avec le gouvernement (Ballard Technologies)
– Lobbyiste reconnue
– Assistante législative, comité du service armé, à la chambre des représentant

À gauche : Audrey Raines, grièvement blessée, se traîne jusqu'à Jack Bauer, qui lui sauve la vie.
En bas à gauche : Raines tient Henderson en joue, et elle a du mal à s'interdire de lui tirer dessus.

UN STRATAGÈME MEURTRIER

À 12 h 54 lors de la « journée 5 », Christopher Henderson utilise les sentiments de Jack Bauer pour Audrey Raines pour acquérir les enregistrements audio de Charles Logan : il sectionne l'artère du bras de la jeune femme, ce qui oblige l'agent à abandonner les bandes son pour la sauver. Il y parvient en lui faisant un garrot de fortune. Plus tard, Raines aura la possibilité d'abattre Henderson, mais elle ne parviendra pas à s'y résoudre.

ESPOIRS ÉTOUFFÉS

À 6 h 47 lors de la « journée 5 », Jack Bauer et Audrey Raines se retrouvent pour un moment de calme, optimistes sur leur avenir. Neuf minutes plus tard, Audrey s'aperçoit que son amant a disparu, enlevé par les Chinois – et que c'en est sans doute terminé de leur bonheur. Ils seront faits prisonniers tous les deux, psychologiquement blessés, et de nouveau séparés par la volonté du père de la jeune femme, James Heller.

INTERROGATOIRE SÉVÈRE

À 9 h 15 lors de la « journée 5 », Jack Bauer se tient face à Audrey Raines. Colette Stenger prétend qu'elle est sa complice au sein du Département de la défense. De plus, des registres d'hôtel la lient à Walt Cummings. Lorsqu'Audrey affirme que Stenger ment et que ses rapports avec Cummings se limitent à une liaison malvenue, Bauer la croit et la libère.

RELATION TRAGIQUE

À l'hôtel Calderone, un bâtiment abandonné, des responsables chinois remettent Audrey Raines à Jack Bauer, qu'elle n'a pas vu depuis deux ans. En échange, l'agent leur fournit le circuit FB, tard dans la « journée 6 ». Puis Jack retire le bandeau de la jeune femme, la regarde dans les yeux et lui présente ses excuses. Il ne réalise pas encore qu'Audrey est dans un état semi-catatonique et qu'elle est incapable de le reconnaître vraiment. Les retrouvailles sont de courte durée : on demande à Raines de s'éloigner car Bauer a prévu de faire sauter l'hôtel une fois qu'elle sera à l'abri. Mais la CAT intervient et tous les deux sont sauvés. Cheng Zi, le responsable chinois, parvient néanmoins à s'échapper avec le composant électronique.

LES HAUTS FONCTIONNAIRES DU GOUVERNEMENT

Comme les terroristes s'attaquent régulièrement aux plus hautes instances de l'État, il est logique que la CAT interagisse souvent avec le président, le vice-président, le ministre de la Défense, divers membres du cabinet, les dirigeants des autres agences de renseignement, des responsables du Congrès et des chefs militaires. En fait, comme diverses menaces ont pris directement pour cible le président, l'agence s'est souvent trouvée mêlée à des luttes de pouvoir au sein du gouvernement. Lors de la « journée 2 », par exemple, la CAT a d'abord suivi les ordres du président David Palmer, puis ceux du vice-président James Prescott, puis de nouveau ceux de Palmer. Pendant la « journée 4 », le président John Keeler est remplacé par le vice-président Charles Logan et, pour la « journée 6 », le président Wayne

Alors que, traditionnellement, le président travaille à la Maison Blanche, il transfère ses bureaux en cas de crise grave dans un bunker ultrasécurisé situé sous le bâtiment. Lors de la « journée 5 », Charles Logan travaille dans ce lieu, tout comme Wayne Palmer au cours de la « journée 6 ».

Palmer est remplacé par le vice-président Noah Daniels, puis il réintègre brièvement ses fonctions avant de plonger dans le coma. Ces dernières années, la CAT s'est aussi rapprochée du ministère de la Défense et de celui de la Sécurité intérieure.

JOHN KEELER

Lors de la « journée 4 », John Keeler est l'adversaire républicain de David Palmer pendant la campagne électorale. Il livre un combat difficile face à un président populaire. Mais Palmer quitte la course après un énorme scandale, et Keeler remporte la course pour la Maison Blanche. Lors de la « journée 4 », tandis que se répand la vague de menaces terroristes d'Habib Marwan, il se réfugie à bord de son avion Air Force One afin d'assurer sa sécurité — mais un confédéré à la solde de Marwan parvient à abattre l'appareil. Kevin, le fils de Keeler, et la plupart des passagers sont tués mais, miraculeusement, le président réussit à s'en sortir, même s'il subit d'importantes blessures. L'événement déclenche sa mise à pied, en vertu du vingt-cinquième amendement de la Constitution, et l'accession à la présidence de Charles Logan. Avant Keeler, cinq autres présidents ont survécu à des tentatives d'assassinat, mais aucun n'a été aussi grièvement blessé que lui, et aucun n'a dû libérer ses fonctions — même si les pouvoirs de Ronald Reagan ont momentanément été transférés au vice-président George Bush quand il a été opéré.

PERSONNAGES CLÉS

Le ministre de la Défense Ethan Kanin (en haut) et l'amiral John Smith (en bas), porte-parole de l'état-major. Tous deux opèrent depuis le bunker de la Maison Blanche lors de la « journée 6 ». Ensemble, ils coordonnent la mise en place d'une contre-attaque nucléaire au Moyen-Orient, et sont en cela largement soutenus par le vice-président Noah Daniels. Plus tard, ils organisent les frappes chirurgicales contre une plate-forme pétrolière sur laquelle Phillip Bauer et ses alliés chinois se sont réfugiés.

ROGER STANTON

Pendant la « journée 2 », Stanton est le directeur de la NSA. Mais c'est aussi un traître, qui aide le groupe Deuxième Vague à faire entrer un engin nucléaire aux États-Unis. Le président David Palmer le fait donc torturer jusqu'à ce qu'il confesse que son projet était bel et bien d'effrayer la population, puis d'envoyer une équipe d'intervention spéciale secrète pour récupérer la bombe atomique. Son objectif était de pousser Palmer à durcir sa politique étrangère.

ERIC RAYBURN

Rayburn est l'assistant de Stanton à la tête de la NSA durant la « journée 2 ». Il empêche Jack Bauer et le président David Palmer d'accéder à temps aux preuves concernant une attaque à la bombe contre la CAT de Los Angeles – ce qui leur aurait permis de faire évacuer le bâtiment. Rayburn agit ainsi pour ne pas compromettre la couverture de Bauer au sein de l'organisation de Joseph Wald pendant l'alerte nucléaire. Quand Palmer découvre cela, il le congédie immédiatement.

NOAH DANIELS

Alors que commence la « journée 6 », le vice-président Noah Daniels apparaît clairement comme un partisan d'une ligne dure, en faveur d'une réponse extrême à la vague d'attaques terroristes qui frappent les États-Unis. Il s'oppose à la décision du président Wayne Palmer de temporiser avant la contre-offensive, et soutient l'initiative de Tom Lennox de placer les musulmans américains dans des centres de détention. Quand Palmer est une première fois mis à l'écart, Daniels programme une attaque nucléaire au Moyen-Orient – mais le président en exercice reprend conscience à temps pour l'empêcher. Le plan suivant, qui consiste à se débarrasser définitivement de Palmer, échoue. Le président ordonne alors à son vice-président de démissionner – mais Palmer plonge de nouveau dans le coma et Daniels reprend les commandes. Une suite d'erreurs lors de ses négociations avec Phillip Bauer au cours d'une confrontation avec la Russie ainsi que sa liaison avec son assistante, compromise avec les services secrets russes, semblent modérer son attitude vers la fin de la « journée 6 ».

LUTTES DE POUVOIR

Au cours des années, des hommes d'État de haut rang ont régulièrement manœuvré pour le pouvoir dans des situations de crise. Pendant la « journée 1 », le ministre de la Défense apporte sa voix, décisive et controversée, pour mettre à pied David Palmer, en vertu du vingt-cinquième amendement de la Constitution, ce qui permet au vice-président James Prescott d'intégrer temporairement ces fonctions. Pour la « journée 4 », Donald Ashton, porte-parole de la Chambre des représentants, trouve suspecte la démarche de Logan, qui permet à Palmer de le conseiller à propos de l'attaque terroriste, car cette preuve de confiance pourrait menacer le processus qui amènerait Ashton à la présidence : comme le président Keeler est incapable d'exercer ses fonctions, c'est Logan qui, en tant que vice-président, a pris sa place ; mais, s'il était prouvé que Logan était incapable de faire face à la crise, comme le soupçonne Ashton, c'est alors lui, en tant que troisième homme du pays, qui serait nommé à la Maison Blanche.

JAMES PRESCOTT

Le vice-président Prescott est le premier homme à être devenu président deux fois grâce au vingt-cinquième amendement, à avoir assuré l'intérim puis à avoir rendu son poste à l'homme qu'il avait remplacé, David Palmer. Tout d'abord, il prend brièvement les rênes du pouvoir après avoir fomenté la mise à pied du président lors de la « journée 2 ». Puis, il prend les commandes lorsqu'on tente d'assassiner Palmer. Prescott continue d'exercer jusqu'à ce qu'il soit à son tour visé par des terroristes.

CHARLES LOGAN

Le vice-président Charles Logan n'est pas préparé à faire face à la menace terroriste quand John Keeler est mis hors d'état d'exercer ses fonctions, lors de la « journée 4 », et il demande l'aide de l'ancien président David Palmer. Plus tard, il devient le deuxième président, après Richard Nixon, à démissionner, quand son rôle lors de la « journée 5 » est révélé. À la suite de David Palmer, il devient le deuxième ancien président à être assassiné, lors de la « journée 6 ».

HAL GARDNER

Gardner est le deuxième homme de l'histoire à devenir vice-président puis président sans avoir été élu à aucun de ces postes, après Gerald Ford. Il devient le vice-président de Charles Logan quand celui-ci remplace John Keeler. Lors de la « journée 5 », Gardner tente de venir en aide à Logan pour gérer la crise du gaz neurotoxique et lui suggère vivement de décréter la loi martiale. Quand le président est forcé de démissionner, Gardner remplit ses fonctions jusqu'à la fin officielle du mandat.

LES LIEUX DU PRÉSIDENT

Personne ne sait ni où ni quand une attaque terroriste peut survenir. Il est donc crucial que le président des États-Unis puisse coordonner la riposte depuis n'importe quel lieu. Durant la « journée 2 », alors que la menace nucléaire plane, David Palmer s'installe dans un bunker situé dans le Complexe opérationnel régional du Nord-Ouest, dans l'Oregon. Lors de la « journée 4 », le vice-président Charles Logan opère depuis le bunker de la Maison Blanche et, pendant la « journée 6 », Wayne Palmer et Noah Daniels conduisent les opérations depuis ce même bunker. Pour la « journée 5 », Logan reste dans sa retraite présidentielle dans la vallée cachée, en Californie, en partie pour s'isoler tandis que son rôle dans une conspiration criminelle commence à être révélé au grand jour.

RETRAITE PRÉSIDENTIELLE

Lors de la « journée 5 », le président Charles Logan travaille depuis sa retraite présidentielle dans la vallée cachée, en Californie, également nommée « la Maison Blanche de l'ouest ». Après sa disgrâce, il est assigné à résidence, comme dans une prison dorée. Construit sur quelques centaines de mètres carrés bien situés, ce ranch luxueux contient des écuries, une cour spacieuse équipée d'une fontaine imposante et un bâtiment principal équipé d'un bureau privé et d'une salle de conférences meublée d'une immense table en merisier construite sur mesure.

Bureau

Salle de conférences

Couloir

Salon

Chambre

Salle de bain

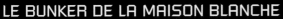

LE BUNKER DE LA MAISON BLANCHE

Quand l'alerte nucléaire est déclenchée pendant la « journée 6 », Wayne Palmer fait transférer l'ensemble de ses activités jusqu'au bunker de commandement ultrasécurisé de la Maison Blanche. Il emmène avec lui les hommes clés de l'État, tels que le vice-président Noah Daniels, le ministre de la Défense Ethan Kanin, les conseillers Tom Lennox et Karen Hayes, et l'amiral John Smith, responsable de l'état-major. Le bunker contient, entre autres lieux, un bureau de commande présidentiel, une salle de conférences et de communicatio, des bureaux privés et une installation médicale sophistiquée.

Couloir

Bureau de Red Pollock

Bureau de Karen Haynes et de Tom Lennox

Couloir

Salle de conférences

Bureau du président

Salon

Corridor

Sas anti-explosion

Ascenseur

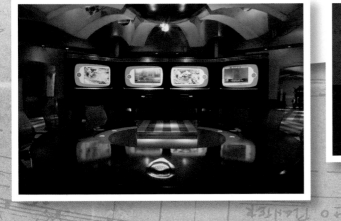

LE BUREAU OVALE

Le Bureau ovale de Wayne Palmer à la Maison Blanche est le lieu où il prend en main les rênes du pouvoir, au cours de la « journée 6 ». Beaucoup de ses objets personnels rendent hommage à son frère défunt, David Palmer – notamment une photo des deux hommes, qui ont gagné leur place dans l'histoire en étant les deux premiers frères à devenir tour à tour président. La médaille du mérite de David, est également exposée.

TRANSPORT DE VIP

Les dirigeants américains sont souvent la cible potentielle des terroristes. Il n'est donc pas surprenant que l'aide de la CAT soit fréquemment requise pour les protéger et collaborer avec eux lorsqu'ils voyagent. Comme le président, le vice-président, les officiels du cabinet et de nombreux autres candidats aux plus hautes fonctions sont régulièrement sur les routes, l'agence doit souvent assurer la liaison avec ceux qui sont chargés de les transporter. Les avions Air Force One et Air Force Two, les limousines présidentielles et les hélicoptères apparaissent donc souvent sur les registres de mission de la CAT. En effet, il arrive qu'au cours d'une crise le président ait à diriger le pays depuis le ciel à bord d'Air Force One, parfaitement équipé pour prendre en charge le chef de l'État et son entourage durant des étapes longues de plus de 12 000 kilomètres. Cependant, l'un des plus gros échecs de la CAT est la perte de cet appareil lors de la « journée 4 », quand des terroristes sont parvenus à abattre l'avion.

À 09 h 09 lors de la « journée 1 », une escorte de police conduit la limousine emmenant le sénateur David Palmer et sa femme Sherry à une réunion de campagne. À l'intérieur de la voiture, les Palmer se disputent : faut-il révéler, tandis que les électeurs sont encore en train de voter, la possible implication de leur fils dans la mort d'un homme ?

DROIT VERS LE PIÈGE

Une limousine transportant le président russe Suvarov, sa femme Anya et la première dame américaine Martha Logan se dirigent vers l'aéroport à 15 h 58 lors de la « journée 5 ». Martha Logan sait que le cortège va droit dans une embuscade car son mari a révélé son itinéraire au terroriste Vladimir Bierko afin de faire reporter une attaque au gaz neurotoxique. Espérant que le président va prévenir le cortège de voitures, elle monte dans la limousine avec Aaron Pierce, un agent des services secrets. Heureusement, Pierce ordonne à la voiture de faire demi-tour juste avant qu'un missile ne la frappe.

Lors de la « journée 5 », un Seahawk SH-60B de la marine a pris la place de Marine One. Le Seahawk est, en gros, la version de la marine du Faucon Noir Sikorrsky H-60.

Pensif, Logan patiente en attendant Bauer, qui dirige Marine One. L'agent s'est fait passer pour le copilote, a assommé le garde du corps de Logan et a obligé le pilote à se poser à un endroit précis.

MARINE ONE DÉTOURNÉ

À 06 h 07 lors de la « journée 5 », Jack Bauer pénètre clandestinement à bord de Marine One, en l'occurrence un Seahawk SH-60B de la marine, pour prendre les commandes de l'hélicoptère afin de questionner Charles Logan. Bauer oblige le pilote à se poser près d'un entrepôt désaffecté, où il tente d'arracher les aveux du président sur son rôle dans le complot du gaz neurotoxique. Mais l'agent dispose de peu de temps – et il le sait, car Marine One (une expression pour désigner n'importe quel appareil transportant le président, mis à part Air Force One) possède une balise de repérage interne. Plus tard, il s'avère que le véritable plan de Jack Bauer ne consistait pas à obtenir des aveux mais à placer un transmetteur sur Charles Logan pour que la CAT puisse enregistrer de quoi l'incriminer.

AIR FORCE ONE

Peu avant 23 h 00 lors de la « journée 4 », le président John Keeler, son fils Kevin, l'équipage et le centre mobile de commandement survolent le désert californien à bord d'Air Force One. Il est prévu qu'ils atterrissent très prochainement, après avoir passé la majeure partie de la journée dans les airs, suite à la campagne de terreur d'Habib Marwan. L'avion, qui transporte quatre-vingts passagers et vingt membres d'équipage, est abattu quelques instants plus tard par un jet furtif volé et piloté par le terroriste Mitch Anderson. La tragédie jette un discrédit cruel sur une icône nationale. L'expression « Air Force One » s'applique en fait à deux Boeing 747-200B appartenant au ministère de la Défense ; en état d'alerte permanent, ils prennent ce nom dès que le président est à leur bord.

COMMANDEMENT DEPUIS LE CIEL

Air Force One possède un centre de commande et de contrôle entièrement opérationnel pour que le président et son équipe puissent agir des dizaines d'heures durant tout en restant en vol. Ici, on voit John Keeler qui travaille avec son bureau exécutif à bord de l'avion au cours de la « journée 4 », communicant avec la CAT et surveillant le déroulement des opérations au sol. Comme Marwan Habib est en liberté, l'appareil passe la majeure partie de la journée dans les airs afin d'éviter toute tentative d'attentat. Mais cela laisse à l'associé de Habib, Mitch Anderson, le temps de mettre en œuvre son plan : voler un jet de combat et s'en servir pour abattre l'avion.

TRANSPORT AÉRIEN

Franklin D. Roosevelt fut le premier président en fonction à voler à bord d'un avion, un « navire volant » Boeing 314. En 1943, le C-87A Liberator Express, un bombardier B-24 modifié, fut le premier appareil à être officiellement affecté au transport du président. En 1944, les responsables optèrent pour le Skymaster C-54, surnommé « la vache sacrée » pour Roosevelt. Harry S. Truman remplaça l'engin par un Liftmaster C-118 baptisé Indépendance. Tous les présidents qui lui succédèrent eurent leur propre avion. John F. Kennedy fut le premier à utiliser un jet, un Boeing 707 appelé Special Air Mission (SAM) 2600, qui fut plus tard rebaptisé Air Force One, sa désignation officielle pour le trafic aérien. La transition vers un 747 plus grand se fit lors de la présidence de George W. Bush.

AIR FORCE TWO

Au début de la « journée 6 », le vice-président Noah Daniels voyage à bord d'Air Force Two, en route vers Washington, lorsqu'il apprend la tentative d'assassinat dont a été victime Wayne Palmer : il est désormais le président en exercice. Air Force Two, tout comme Air Force One, est simplement l'expression officielle du contrôle aérien pour désigner n'importe quel avion transportant le vice-président américain. Traditionnellement, ces dernières années, Air Force Two a été un Boeing 757 modifié mais, de temps en temps, le vice-président est transporté dans un 747 plus grand, réservé au président ; lorsque cela se produit, l'avion est rebaptisé Air Force Two. C'est ce qui arrive pendant la « journée 6 », quand Daniels voyage à bord d'un Air Force Two version 747.

À la mi-journée lors de la « journée 6 », le vice-président Noah Daniels, de retour à Washington à bord d'Air Force Two, médite sur son désaccord avec le président Wayne Palmer à propos de la riposte face aux attaques terroristes.

JOURNÉE 1

Victor Drazen attend patiemment l'ultime face à face avec son ennemi juré, Jack Bauer. Drazen, un nationaliste serbe et criminel de guerre, et ses fils André et Alexis préparent depuis quelques temps leur revanche sur Jack Bauer suite à l'« opération crépuscule », mission militaire menée au Kossovo deux ans avant la « journée 1 ». Les événements de cette journée sont provoqués par la vendetta que mène Drazen contre Bauer et David Palmer, ce dernier ayant donné son accord pour le déclenchement de l'opération crépuscule. Sa grande implication personnelle dans cette opération bouleversera la vie de Jack à tout jamais.

PRISE EN OTAGE

La pire journée dans la vie de Jack Bauer débute par une nuit calme passée en famille. Mais, dans les vingt-quatre heures qui suivent, cette tranquillité sera brisée à tout jamais. Kim, la fille de Jack, fait le mur pour retrouver une amie et deux jeunes hommes – mais ceux-ci les kidnappent. Ils sont à la solde d'Ira Gaines, un mercenaire chargé d'assassiner le sénateur David Palmer, candidat à la présidence, pendant les primaires de Californie. Au moment où il apprend la disparition de Kim, Bauer est dépêché à la CAT pour enquêter sur la menace qui pèse sur Palmer et découvre qu'une taupe pourrait avoir infiltré l'agence. Tandis que Teri, sa femme, recherche activement leur fille, l'agent est tiraillé entre ses responsabilités professionnelles et familiales. Ira Gaines projette aussi d'enlever Teri, puis de tuer Palmer dans la journée. Son plan : utiliser les deux femmes comme moyen de pression pour forcer Bauer à participer à l'assassinat du sénateur.

Kim Bauer et son amie Janet York tentent d'échapper à leurs ravisseurs, aux ordres de la famille Drazen, qui veut se venger de Jack Bauer et du sénateur Palmer.

00:43

Mandy drague un photographe, Martin Belkin, à bord du vol en direction de Los Angeles. Il doit prendre des clichés du sénateur Palmer, mais Mandy compte bien lui dérober sa carte d'identité et sauter en parachute avant de provoquer l'explosion de l'avion.

00:57

Kim Bauer et Janet York comprennent que leurs compagnons de virée, Dan et Rick, n'ont pas l'intention de les ramener chez elles. Mais elles ne connaissent pas encore leur véritable projet.

01:53

Mortellement blessé dans une embuscade, Richard Walsh, le directeur administratif de la CAT, remet à Bauer une carte à puce contenant des informations qui pourraient révéler l'identité d'une taupe infiltrée au sein de l'unité.

02:39

Le sénateur David Palmer a une entrevue secrète avec Carl Webb, membre de son état-major, afin de gérer les conséquences d'une information délicate qui concerne son fils et qui, si elle était révélée, serait susceptible de détruire sa carrière politique.

02 H 32

03 H 59

Après avoir abattu un policier, Greg Penticoff, un homme de main de Gaines, ordonne à Bauer de l'aider à s'enfuir s'il veut revoir sa fille vivante – suggérant un lien entre son enlèvement et la menace qui pèse sur le sénateur Palmer.

04 H 02

Heurtée par une voiture tandis qu'elle fuit ses ravisseurs, Janet York tombe dans le coma. Un peu plus tard, elle reprend connaissance, mais elle est tuée par Kevin Carroll qui, pour approcher Jack Bauer, se fait passer pour le père de la jeune fille.

05 H 05

Ira Gaines fait son apparition. Il tue Dan et oblige Rick et Kim à enterrer son cadavre. Tout en s'exécutant, cette dernière tente de convaincre le garçon de s'enfuir avec elle : désormais, Gaines est une menace pour tous les deux.

05 H 57

Teri Bauer reçoit un appel de Nina Myers qui l'informe que le corps découvert par la CAT est celui du véritable Alan York – ce qui signifie qu'elle est en présence d'un dangereux imposteur : Kevin Carroll.

UN LOURD FARDEAU

Le sénateur David Palmer espère atteindre un score historique lors des élections primaires qui se déroulent durant cette journée. Mais il est accablé par un lourd fardeau : il découvre que, il y a sept ans, sa femme a couvert leur fils, impliqué dans la mort d'un homme qui avait violé leur fille. Tandis que Palmer s'interroge sur la stratégie à adopter et sur ses conséquences, tant pour sa carrière politique que pour sa famille, il échappe de peu à une tentative d'assassinat grâce à l'intervention de Jack Bauer. Il s'agit de la première des deux tentatives dont il sera l'objet au cours de la « journée 1 ». Pendant que la CAT met en évidence la présence en interne d'au moins un traître, Bauer engage une course effrénée pour localiser Gaines et sauver Teri et Kim. Au fil des événements, les fils de Victor Drazen s'avèrent être les maîtres d'œuvre du complot.

En ce jour d'élections primaires, David Palmer réfléchit sur la stratégie à adopter concernant la possible implication de son fils dans une affaire de meurtre, sept ans auparavant. Après en avoir parlé avec Mike Novick, son directeur de campagne, il décide de rendre l'information publique.

06 H 05

Le sénateur Palmer demande à son fils Keith de se joindre à lui pour un petit-déjeuner avec la presse au cours duquel il compte révéler son rôle dans cette sombre affaire. Accusant son père de placer sa carrière avant sa famille, Keith refuse.

06 H 19

Ira Gaines manipule Jack Bauer et menace de tuer sa femme et sa fille. Par l'intermédiaire d'une oreillette, il ordonne à l'agent de dérober une carte à puce de la CAT contenant des informations codées sur l'identité du tueur qui a pris Palmer pour cible.

07 H 11

Teri Bauer retrouve Kim. Toutes les deux sont désormais prisonnières d'Ira Gaines : elles sont son moyen de pression pour garantir la participation de Jack Bauer à l'assassinat du sénateur Palmer.

07 H 52

Croyant que Bauer est responsable de la tentative d'assassinat sur David Palmer, des agents le plaquent au sol. Dans la bousculade, il perd l'oreillette qui le relie à Gaines et craint alors que ce dernier ne tue sa femme et sa fille.

05H40

RUPTURE DÉFINITIVE

La « journée 1 » commence de façon prometteuse pour Sherry Palmer : son ambition de devenir la première dame des États-Unis est en passe de se réaliser. Mais, à la fin de cette journée, c'est un tout autre projet qu'expose David à sa femme, stupéfaite : parce qu'elle s'est opposée à lui, qu'elle a manipulé et menacé des gens, mis en péril des vies et même tenté de faire coucher son propre mari avec une autre femme, il lui annonce qu'il veut divorcer, et se soucie peu des conséquences politiques. Sherry promet à David qu'il lui reviendra, tôt ou tard. Les événements au cours des « journées 2 » et « 3 » lui donneront raison.

08H51

L'analyste Jamey Farrell est interrogée après que la CAT a découvert qu'elle travaille pour Ira Gaines. Elle refuse de parler sans la présence d'un avocat mais, avant qu'on ait pu lui en procurer un, elle se donne la mort – c'est du moins ce qu'il semble s'être passé.

09H32

Contrarié que Palmer soit encore en vie, André Drazen appelle Gaines et menace de ne pas le payer s'il ne rectifie pas le tir. Il est maintenant évident que c'est la famille Drazen qui est à l'origine du complot visant à éliminer le sénateur.

11H08

Nina Myers fait parvenir à Jack Bauer une image satellite du repaire d'Ira Gaines. L'agent, sous l'identité de Kevin Carroll, élabore un plan pour pénétrer dans les lieux et sauver sa femme et sa fille.

11H54

Sous un feu nourri, Bauer tente de fuir le repaire de Gaines dans une camionnette avec à son bord sa femme, sa fille et Rick, qui les aide dans leur fuite. Mais leur véhicule est bloqué et ils livrent une lutte acharnée pour s'échapper.

LES DRAZEN

Jack Bauer sauve sa famille et règle ses comptes avec Ira Gaines. Celui-ci lui révèle que ses employeurs, les Drazen, veulent se venger de lui. Puis Bauer rencontre pour la première fois David Palmer dans les locaux de la CAT. Ensemble, ils font toute la lumière sur leur participation à l'opération Crépuscule – une mission militaire montée deux ans avant la « journée 1 », dans le but de tuer Victor Drazen, un nationaliste serbe. Une piste permet à la CAT de remonter jusqu'à l'un des fils du criminel de guerre, Alexis. De son côté, Bauer en vient à la conclusion que Victor Drazen est toujours vivant. Au même moment, la situation de David Palmer semble de plus en plus désespérée : il réalise que ceux qui financent sa campagne électorale veulent en fait le contrôler. Les hommes de main de Drazen, eux, sont sur les traces de Teri et de Kim Bauer : leur évasion en camionnette s'est soldée par une collision, et les deux femmes ont été séparées. Kim est retrouvée saine et sauve, mais Teri, amnésique, erre dans les rues, des tueurs à ses trousses.

Jack Bauer tient Ira Gaines dans sa ligne de mire : l'agent de la CAT a remporté la course contre la montre engagée contre le mercenaire. Il le tue après avoir appris l'identité des véritables instigateurs du complot : les Drazen.

13 H 33	13 H 55	14 H 10	14 H 18

Alexis Drazen fait exploser une maison occupée par les hommes de Kevin Carroll et, pour s'assurer de son silence, exécute celui-ci. Puis il prend les commandes du plan visant à assassiner le sénateur Palmer.

Le docteur Rose Kent établit que Teri Bauer a été violée, et que le crime a provoqué un traumatisme sur un kyste aux ovaires. Elle recommande un test de grossesse – qui s'avère positif.

Jack Bauer rencontre David Palmer pour la première fois. Le sénateur croit d'abord que Bauer veut sa mort pour avoir autorisé l'opération Crépuscule, mais l'agent lui explique que c'est Gaines qui l'a obligé à participer à la tentative d'assassinat.

Robert Ellis, un agent sous couverture, s'entretient avec Palmer et Bauer de l'opération Crépuscule. Il est le seul à savoir que les deux hommes sont liés à cette mission. Il tente de leur venir en aide, mais il est tué par les Drazen.

12 H 36

LA CONNEXION SERBE

Victor Drazen est un nationaliste et un criminel de guerre serbe, jadis à la tête de la très redoutée police secrète de Slobodan Milosevic, les Chiens noirs. Deux ans avant la « journée 1 », le sénateur Palmer organise l'opération Crépuscule, dirigée par Jack Bauer, dont l'objectif est d'assassiner Drazen. Bien que l'agent de la CAT soit l'unique survivant, la mission est un succès. En fait, Victor Drazen est détenu au secret dans une prison américaine. Quand ils apprennent que leur père est vivant, André et Alexis mettent sur pied un plan, déclenché au début de la « journée 1 » : ils veulent libérer Victor et se venger de Bauer et de Palmer, qu'ils jugent responsables de la mort de leur mère et de leur sœur.

PRINCIPAUX SUSPECTS

ANDRE DRAZEN

Après la mort de sa mère et de sa sœur, au cours de l'opération Crépuscule, et l'emprisonnement de son père, l'aîné des fils Drazen élabore un plan pour libérer Victor et punir les Américains. Ce plan est déclenché pendant la « journée 1 », et mis en échec par Jack Bauer, qui élimine et le fils et le père.

ALEXIS DRAZEN

Le plus jeune des fils Drazen, Alexis, déclenche un nouveau plan, après l'échec d'Ira Gaines, pour parvenir à éliminer David Palmer. Il tue Kevin Carroll et utilise Elizabeth Nash, l'assistante de campagne du sénateur, pour mettre la main sur lui. La CAT localise le criminel – mais, finalement, Elisabeth Nash le poignarde et il succombe à ses blessures.

---

15 H 52

Carl Webb menace Keith Palmer de le faire tomber pour la mort de son thérapeute, George Ferragamo, s'il dévoile sa participation au meurtre du violeur de sa sœur. Mais Keith enregistre leur conversation et donne la bande à son père.

15 H 55

Après l'accident de la camionnette qui l'a séparé de sa fille, Teri Bauer est frappée d'amnésie. Pénétrant dans un restaurant où elle a ses habitudes, elle est reconnue par le propriétaire, qui prévient l'un de ses amis, le docteur Phil Parslow.

16 H 39

Quand Elizabeth Nash, l'assistante de campagne de David Palmer, découvre que son petit ami n'est autre qu'Alexis Drazen, elle tente de glisser sur lui un émetteur de la CAT. Elle finit par le poignarder, et Alexis succombe à ses blessures.

16 H 59

Josan Myovic, un complice des Drazen, observe en silence l'arrivée de Teri Bauer et de Phil Parslow chez elle. Il a l'intention de la tuer, mais elle est sauvée de justesse par l'arrivée très opportune de Tony Almeida.

L'ULTIME TRAHISON

Une série de pistes mènent Jack Bauer à une prison militaire ultrasecrète où il rencontre le prisonnier serbe. Mais les fils Drazen libèrent leur père et capturent Bauer et sa fille. Tony Almeida sauve la vie de Teri. Les criminels utilisent Kim pour forcer son père à se joindre à leur plan visant à assassiner David Palmer après sa victoire aux élections primaires, mais une fois encore Bauer sauve la vie du sénateur. Au même moment, Nina Myers se révèle être une traîtresse. Elle prévient la famille Drazen que Palmer est toujours vivant. Kim parvient à s'échapper, mais Jack ne le sait pas : convaincu que sa fille a été assassinée, il s'attaque au repaire des Drazen, les tue, puis rejoint à toute allure la CAT pour arrêter Myers. Avant qu'il arrive, celle-ci élimine Teri quand la femme de l'agent découvre son double jeu. La pire journée de Jack Bauer atteint des sommets de tristesse et de désespoir quand il étreint le corps sans vie de son épouse enceinte. Son existence est anéantie.

Quand Teri Bauer tombe, dans les locaux de la CAT, sur Nina Myers, elle surprend une conversation téléphonique entre cette dernière et son commanditaire et remarque une tache de sang suspecte. Myers fait mine d'apaiser ses inquiétudes – puis elle la ligote et la tue.

19ห54

Jack Bauer et Mark De Salvo, le gardien de prison en chef, interrogent Victor Drazen sur les événements de la « journée 1 ». L'agent le conjure de renoncer à se venger sur sa famille.

20ห19

Après avoir reçu l'aide de ses fils, Drazen prend l'avantage sur Bauer et le fait prisonnier. Il compte l'utiliser pour retarder l'action de la CAT et lui permettre de s'enfuir.

20ห59

Quand un véhicule conduit par des terroristes heurte celui de l'escorte policière de Kim Bauer, la jeune fille est de nouveau kidnappée – cette fois par les hommes de Drazen. Elle parviendra à s'échapper et à retrouver son père.

22ห29

Contraint de remettre au sénateur Palmer un téléphone avec lequel Drazen veut le contacter, Bauer sent bien qu'on leur tend un piège. Il jette l'appareil par la fenêtre avant qu'il n'explose, déjouant la tentative d'assassinat.

PRINCIPAUX SUSPECTS

VICTOR DRAZEN

Emprisonné à l'issue de l'opération Crépuscule, Victor Drazen nourrit une haine tenace pour Jack Bauer et David Palmer et se venge violemment au cours de la « journée 1 ». Au lieu de s'enfuir, il choisit de s'attaquer aux deux hommes – mais son désir de vaincre Bauer le mène à sa perte.

NINA MYERS

D'abord alliée fidèle de Jack Bauer, Nina Myers devient ensuite sa pire ennemie quand elle le trahit et assassine sa femme. Motivée, semble-t-il, par l'appât du gain, elle travaille pour une organisation criminelle qui loue ses services aux Drazen.

23 H 31

22 H 59

Nina Myers, sous le nom de Yelena, téléphone à André Drazen et l'informe – en serbe – que Palmer a échappé à l'attentat. Elle révèle qu'elle est la taupe infiltrée au sein de la CAT.

23 H 20

Jack Bauer, croyant que sa fille est morte, est ivre de vengeance. Il tue Victor Drazen de plusieurs balles, bien que le criminel était sur le point de se rendre – et règle définitivement leur dette de sang.

23 H 53

Comprenant que Nina Myers l'a trahi, Jack Bauer la rattrape tandis qu'elle tente de s'échapper de la CAT. Il se fait violence pour ne pas l'abattre sur place.

23 H 58

La « journée 1 » touche à sa fin. Jack Bauer retrouve à la CAT sa fille, qu'il croyait morte. Son soulagement est de courte durée puisque, l'instant d'après, il apprend que sa femme a été assassinée par Nina Myers.

JOURNÉE 2

Dix-huit mois plus tard...

Dix-huit mois après la « journée 1 », le président David Palmer est inconfortablement installé à la place de chef du monde libre. La CAT apprend qu'une cellule terroriste du Moyen-Orient projette de faire exploser une bombe atomique à Los Angeles et fonce pour empêcher le désastre. La menace est si sérieuse qu'elle oblige Jack Bauer à travailler avec la femme qui a détruit sa vie, Nina Myers, et Palmer à demander de l'aide à celle qui a tout fait pour détruire sa présidence, son ex-épouse, Sherry.

MENACE NUCLÉAIRE

Après dix-huit mois d'inaction, à la suite de l'assassinat de sa femme, Jack Bauer, bien que réticent, reprend le chemin de la CAT : il s'agit de contrer une menace terroriste nucléaire contre les États-Unis proférée par un groupe mystérieux, Deuxième Vague. Au début de la « journée 2 », les choses tournent mal : Bauer abat un suspect au cours d'un interrogatoire afin d'infiltrer un groupe affilié à Deuxième Vague. Cette organisation lance une attaque meurtrière contre la CAT, et l'agent spécial responsable, George Mason, meurt empoisonné. La vie de Kim Bauer est menacée par son employeur – et ce n'est que le début de la folie. Ce qui est peut-être le pire pour Jack Bauer, c'est d'apprendre que sa seule chance d'empêcher l'attaque repose sur son ennemie Nina Myers. Spécialement libérée de sa prison afin de lui venir en aide, elle commence un jeu du chat et de la souris mortel : alors que l'agent cherche à l'utiliser pour mettre la main sur Syed Ali, le chef de Deuxième Vague, Myers veut trouver un moyen d'échapper à ses geôliers – et de tuer Jack Bauer.

08 H 36

À la demande du président Palmer, Jack Bauer est de retour à la CAT, tôt dans la « journée 2 », pour la première fois depuis la mort de sa femme. Il n'a aucune envie d'être là – mais il y reste, vu la nature sérieuse de la menace.

08 H 49

Au cours d'un interrogatoire, Bauer tire sur un suspect, Marshall Goren, et le tue. Devant l'urgence de la situation, il a en effet décidé de le sacrifier pour rendre plus réaliste sa tentative d'infiltration du groupe de Joseph Wald.

09 H 00

Kim Bauer, la baby-sitter de la petite Megan Matheson, parvient à la protéger de la violence de son père. Ce qu'elle ignore, c'est que Matheson a déjà tué la mère de la fillette. Elle s'échappe avec elle, mais le père se lance à leurs trousses.

10 H 16

George Mason se joint à une action commando dans un complexe industriel où les terroristes de Deuxième Vague ont assemblé l'engin nucléaire. Il est exposé à des résidus de plutonium – et comprend très vite que sa vie est en danger.

13 H 34

L'agent Miller se charge de Nina Myers sur ordre de George Mason, qui craint que Bauer ne la tue. Ce dernier force la jeune femme à l'aider à suivre la trace de Syed Ali mais, plus tard, elle se lance dans une fuite désespérée.

PRINCIPAUX SUSPECTS

SYED ALI
C'est un intégriste islamiste qui a créé et dirige l'organisation Deuxième Vague. Jack Bauer l'oblige à avouer, mais il est tué par Jonathan Wallace, qui l'empêche ainsi de révéler que l'enregistrement Cyprus est un faux.

GARY MATHESON
Kim Bauer travaille pour Gary Matheson, un psychopathe violent. Il va assassiner sa femme, menacer Kim et sa fille puis tuer un policier avant d'être abattu, dans le cadre de la légitime défense, par la jeune baby-sitter.

EMPOISONNEMENT AU PLUTONIUM
George Mason inhale des résidus de plutonium au cours d'un raid sur les lieux où l'engin nucléaire de la « journée 2 » a été assemblé. Cela équivaut à une condamnation à mort : il ne lui reste plus que vingt-quatre heures, bien que, habituellement, la contamination soit beaucoup plus lente. En effet, le plutonium émet des rayons alpha et des rayons X à faible valeur énergétique, et ces radiations peuvent être intégrées dans l'organisme si elles sont inhalées ou absorbées par une blessure. L'empoisonnement peut lentement mener à un cancer, qui ne se révélera que des années plus tard.

10 H 54

Malgré les efforts de Jack Bauer, une énorme explosion dévaste la CAT : le gang de Joseph Wald est parvenu à attaquer le bâtiment. Cela fait partie d'une stratégie visant à empêcher l'agence d'enquêter sur Deuxième Vague.

11 H 54

George Mason interdit aux agents de la CAT d'évacuer Paula Schaeffer, grièvement blessée, et insiste pour qu'on lui fasse reprendre connaissance : elle doit décrypter des informations cruciales en rapport avec la traque de la bombe nucléaire.

12 H 34

Tony Almeida se tient devant Reza Naiyeer : il y a des indices qui montrent un lien entre lui, les entreprises Warner et Syed Ali. Naiyeer a très tôt éveillé les soupçons de Kate Warner à la CAT, mais le vrai contact des terroristes est sa fiancée, Marie Warner.

13 H 09

Jack Bauer tente de faire parler Nina Myers sur ce qu'elle sait au sujet de Syed Ali. L'agent essaie de l'effrayer et menace de l'éliminer si elle ne coopère pas.

GROS ENJEU

La tromperie dissimulée au sein de l'administration Palmer est révélée au grand jour quand le président autorise à contrecœur son ex-femme Sherry à rejoindre son entourage proche. Elle apporte la preuve que le directeur de la NSA, Roger Stanton, a activé l'unité d'intervention spéciale Serpent Corail pour aider Deuxième Vague à terroriser le pays. Palmer ordonne que Stanton soit interrogé sans ménagement – et celui-ci dévoile à son tour le rôle que joue Sherry dans la conspiration. Pendant ce temps, les Serpents Corail pourchassent Jack Bauer et Nina Myers. Après leur avoir échappé de justesse, Myers force le président Palmer à lui accorder par avance une amnistie pour le meurtre de Bauer qu'elle s'apprête à commettre. Les informations qu'elle a fournies permettent à l'agent de la CAT de sauver Kate Warner et de capturer Syed Ali. Bauer arrive à faire avouer au terroriste que la bombe va être lancée depuis l'aérodrome de Norton. La CAT apprend ensuite que la sœur de Kate, Marie, est liée à Deuxième Vague, et qu'elle a disparu sans laisser de trace.

15 H 43

Aux arrêts dans un avion de transit, Nina Myers assassine son contact de Deuxième Vague, Mamud Rashed Faheen. Puisqu'elle vient d'éliminer la seule source d'informations sur Syed Ali, elle va pouvoir négocier en position de force avec la CAT.

16 H 33

Syed Ali oblige Kate Warner à assister aux séances de torture de Paul Koplin, un détective privé : il cherche à savoir ce qu'ils ont tous les deux découvert dans les données de l'ordinateur de Reza Naiyeer.

16 H 40

L'idée de Nina Myers, c'est de contraindre le président Palmer de lui signer une amnistie, puis de tuer Jack Bauer. Elle parvient à s'emparer d'une arme et tient l'agent en joue, mais elle est entourée de snipers de la CAT.

17 H 28

Kim Bauer et son petit ami Miguel échappent à la surveillance de la police : ils forcent la voiture de police à avoir un accident. Après avoir discuté avec son père, la jeune fille préfère ne pas revenir dans la zone menacée par la bombe nucléaire.

Le président Palmer présente à Roger Stanton les preuves qu'il a contre lui et lui offre l'immunité s'il lui révèle ce qu'il sait à propos de la conspiration de la bombe nucléaire. Stanton nie toute implication – et Palmer, à contrecœur, ordonne à l'agent Simmons, des services secrets, de le passer à la torture.

18 X 30

SHERRY PALMER

Sherry Palmer revient en force dans la vie de son ex-mari : elle se présente à son bunker et lui propose d'utiliser ses contacts pour enquêter sur une machination consistant à l'affaiblir au sein de son administration. Bien sûr, Sherry a son propre plan, et l'assistante du président, Lynne Kresge, conseille à Palmer de ne pas lui faire confiance. Dès le début, il a des doutes, mais il autorise l'accès à son ex-épouse après qu'elle a fourni des informations utiles sur Stanton. Ce n'est que plus tard qu'il découvre qu'elle a travaillé avec Roger Stanton et Peter Kingsley pour détruire sa présidence.

LA GRÂCE PRÉSIDENTIELLE

Même si ce serait choquant, David Palmer aurait le droit d'accorder à Nina Myers, en échange de sa coopération, une amnistie totale pour ses nombreux crimes. En effet, tous les présidents ont le pouvoir d'amnistier, en vertu de l'article II de la section 2 de la Constitution des États-Unis. Cette clause leur confère la pleine autorité de donner « la grâce ou l'amnistie pour les crimes commis à l'encontre des États-Unis, sauf en cas de procédure d'impeachment ». De nos jours, en général, les présidents n'utilisent ce pouvoir que vers la fin de leur mandat ; mais, légalement, ils peuvent le faire à n'importe quel moment, et ils ne peuvent en être empêchés par aucun moyen.

17 X 32

17 X 58

18 X 59

19 X 32

L'homme de main de Syed Ali, Mohsen, est en train de torturer Kate Warner lorsque Jack Bauer arrive à sa rescousse. Avant qu'il n'ait pu lui faire avouer le lieu où se cache le terroriste, Mohsen se suicide en avalant une capsule de cyanure.

Marie Warner confesse qu'elle est une terroriste convaincue au moment d'abattre son fiancé, Reza Naiyeer, après qu'il a découvert qu'elle a utilisé son ordinateur pour venir en aide à Deuxième Vague.

Jack Bauer comprend vite que le cadavre découvert dans une mosquée n'est pas celui de Syed Ali et ordonne de fouiller les lieux. Peu de temps après, il capture le terroriste dans les sous-sols de la mosquée.

Jack Bauer force Syed Ali à regarder sur un moniteur vidéo les préparatifs de son exécution. Cela fait partie de sa tactique pour le faire craquer et obtenir des informations sur la bombe nucléaire.

SERPENT CORAIL

Jack Bauer défend Kate Warner contre une bande de malfrats en train de l'agresser chez elle, où elle conserve des preuves sur microfilm. Le microfilm est abîmé pendant la lutte : Bauer devra chercher d'autres preuves concernant l'enregistrement Cyprus.

Jack Bauer capture Marie Warner et récupère la bombe nucléaire à l'aérodrome de Norton. L'engin ne peut pas être désarmé : Bauer prévoit donc de le faire tomber dans une région désertique. Il fait ses adieux à sa fille – mais George Mason se sacrifie à sa place, sauvant ainsi des milliers de vie, dont celle de l'agent. Le président Palmer envisage d'attaquer les pays impliqués par l'enregistrement de Cyprus, mais Syed Ali insiste sur le fait que cet enregistrement est un faux, juste avant de se faire tuer par Jonathan Wallace, le chef des Serpents Corail. Bauer, aidé par un agent arabe, se confronte à Wallace, qui lui fournit les preuves nécessaires pour empêcher la guerre mais exige en échange la vie de Kate Warner.

Ce tatouage indique que le commando fait partie de l'unité d'intervention spéciale secrète des Serpents Corail, qui rend ses comptes directement à la NSA (Agence nationale de sécurité, en français).

20H06

Le solitaire Lonnie McRae réconforte Kim Bauer, qu'il a recueillie dans sa cabane au fond de la forêt nationale d'Angeles Crest. Il tente d'obliger la jeune fille à rester avec lui, puis il finit par la laisser partir.

20H22

Les agents Goodrich et Bauer découvrent des commandos Serpents Corail assassinés. Plus tard, ils comprennent que Jonathan Wallace a tué ses propres hommes pour s'assurer qu'ils n'empêcheraient pas le lancement de la bombe nucléaire.

21H42

Jack Bauer demande à Marie Warner où se trouve la bombe. Elle refuse d'abord de parler, puis tente de lancer l'agent sur une fausse piste. Mais il se rend compte de la supercherie et ordonne qu'on fouille d'urgence l'aérodrome.

21H59

Une équipe d'intervention d'urgence travaille d'arrache-pied pour désamorcer la bombe, mais elle constate que le déclencheur ne peut pas être reprogrammé. Jack Bauer échafaude donc une stratégie pour déplacer l'engin vers une zone désertique.

03 ʜ 55

MARIE WARNER

La sœur cadette de Kate Warner est aux ordres de Syed Ali – une jeune femme qui prouve qu'elle est capable de trahir ou de tuer n'importe qui pour venir en aide au terroriste. Elle l'a rencontré en Europe et a rejoint son groupe en secret. Jack Bauer l'a arrêtée, et elle est depuis détenue par la police fédérale.

RONNIE STARK

Il travaille pour Peter Kingsley et élimine toute preuve du lien entre celui-ci et Deuxième Vague. Il pourchasse Jack Bauer, cherchant à récupérer le microfilm révélateur, et le torture presque jusqu'à la mort. Mais il n'obtient aucun résultat, et il est donc tué et remplacé par Raymond O'Hara.

LES NEST

Les équipes d'intervention d'urgence spécialisées dans le nucléaire (Nuclear Emergency Support Teams) ont été mises en place dans les années 1970 pour fournir une assistance technique aux forces de l'ordre et aux équipes d'intervention rapide. Actuellement sous la houlette du département des cas d'urgence, les NEST sont composées de milliers d'employés fédéraux expérimentés dans le maniement d'équipement et de matériel nucléaire. Depuis le 11 Septembre, leur cote de popularité a grimpé, et elles sont régulièrement sollicitées pour patrouiller dans les zones urbaines importantes. Elles y font des relevés et donnent suite aux rapports sur des matériaux radioactifs ou nucléaires.

22 ʜ 07

Mike Novick, le chef de cabinet du président, propose à Palmer et à ses conseillers une option qui consiste à faire exploser la bombe dans une région sans population. Il explique bien qu'il s'agit pour le pilote d'une mission suicide.

22 ʜ 43

George Mason, atteint par les radiations, se cache dans le cockpit du Cessna, puis insiste pour prendre la place de Jack Bauer dans cette mission suicide. Bauer reste avec lui presque jusqu'à l'impact, puis il saute en parachute et se met à l'abri.

00 ʜ 19

Bauer rencontre Jonathan Wallace, qui admet qu'il vient en aide à Deuxième Vague. Il promet d'apporter la preuve de la culpabilité de son employeur si Bauer lui amène Kate Warner – mais il est abattu avant d'avoir pu tout révéler.

01 ʜ 55

Bauer récupère le microfilm sur le cadavre de Wallace. La puce renferme des informations sur la falsification de l'enregistrement Cyprus, et l'agent doit immédiatement l'apporter à la CAT pour empêcher une guerre mondiale.

CONSPIRATION RÉVÉLÉE

07H38

Alors que la « journée 2 » touche à sa fin, Kim Bauer se confronte une dernière fois à Gary Matheson, son père fonce pour empêcher la guerre et le président Palmer, après avoir hésité à riposter, est suspendu de ses fonctions. Jack Bauer, Kate Warner et Yusuf Auda, un agent arabe, tentent de faire parvenir à la CAT des preuves discréditant l'enregistrement Cyprus, mais Warner et Auda sont retardés par une foule de manifestants. Auda est tué et des malfrats abîment les preuves et menacent Warner. Pendant ce temps, Bauer est capturé et torturé sur les ordres de Peter Kingsley. Il s'échappe, sauve Kate Warner, localise les experts du son responsables de l'enregistrement puis débusque Sherry Palmer, qui tente de dissimuler ses liens avec Kingsley. Il l'utilise pour mettre la main sur l'homme d'affaires, qui est tué dans une fusillade. La guerre mondiale est évitée, mais le président Palmer est victime d'une nouvelle tentative d'assassinat.

02H26

Le lieutenant de Peter Kingsley, Ronnie Stark, torture férocement Jack Bauer pour l'obliger à lui remettre le microfilm compromettant. Mais l'agent ne parle pas. Il est presque mort quand il parvient tout de même à s'échapper.

03H59

Le vice-président James Prescott convoque le cabinet, mais sans convier David Palmer, pour discuter de la capacité du président à continuer d'exercer ses fonctions, et de l'opportunité d'invoquer le vingt-cinquième amendement.

04H54

À l'issue de la réunion du cabinet, l'agent Aaron Pierce escorte le président Palmer : selon les modalités du vingt-cinquième amendement, le président vient juste d'être démis de ses fonctions, avec une majorité d'une voix en faveur de sa destitution.

04H59

Sherry Palmer arrive au loft d'Alex Hewitt, technicien du son, et tombe sur Jack Bauer, qui cherche le même homme. L'agent l'oblige à l'aider à retrouver et à dénoncer Kingsley.

GUET-APENS

À 07 h 37, du haut de sa planque de sniper, Jack Bauer est venu à bout de la plupart des gardes du corps de Peter Kingsley. Cette façon de faire met certes en danger Sherry Palmer, mais elle lui permet, alors qu'il est lui-même blessé, de n'avoir plus affaire qu'à un seul homme de main, en plus de Kingsley.

UN FAUX ÉLABORÉ

L'enregistrement Cyprus conçu par l'ingénieur du son Alex Hewitt doit être extrêmement sophistiqué afin de résister aux tests d'identification audio du gouvernement. Il mène presque les États-Unis à la guerre. Les analystes du gouvernement utilisent en général une batterie d'outils informatiques pour analyser les débuts, les pauses, les fluctuations de la vitesse, les variations dans les dialogues, les bruits de fond, les changements d'environnement et les bruits de premier plan – tout cela pour déterminer si l'enregistrement a été manipulé. Mais, dans le cas de Cyprus, grâce au travail méticuleux et aux logiciels de haut niveau d'Hewitt, la CAT et les autres experts sont incapables de détecter ces anomalies.

PRINCIPAUX SUSPECTS

PETER KINGSLEY

Il soutient un mystérieux consortium en utilisant le projet de Deuxième Vague pour faire éclater une guerre au Moyen-Orient et faire monter le prix du pétrole. Quand la CAT perturbe ce plan, il tente de faire disparaître son organisation, mais Jack Bauer l'attire vers une ultime confrontation.

MAX

Ce marchand d'armes allemand est l'un des partenaires dissimulés en arrière-plan de Kingsley lors de la « journée 2 ». Quand la conspiration échoue, Max tente de faire assassiner le président Palmer. Il est finalement tué par Jack Bauer, environ six mois après la « journée 2 ».

Vers la fin de la « journée 2 », Jack Bauer se sert d'un fusil de sniper pour tirer sur les hommes de Peter Kingsley depuis une tour du Coliseum de LA. Pendant que, plus bas, Kingsley retrouve Sherry Palmer, l'agent utilise l'avantage de la surprise pour éliminer tous les gardes de l'homme d'affaires, sauf un.

| 05 н 56 | 06 н 54 | 07 н 41 | 07 н 56 |

Tard dans la « journée 2 », alors qu'elle est en train de parler à son père au téléphone, Kim Bauer, terrifiée, tire sur Gary Matheson et le tue. C'est Jack qui a réussi à la calmer et l'a convaincue de presser la détente.

Au cours d'une conversation téléphonique entre Sherry Palmer et Peter Kingsley, Bauer se sert du logiciel de reproduction de la voix d'Alex Hewitt pour faire croire qu'il parle au technicien, pour programmer leur ultime confrontation.

Après une lutte violente dans le Coliseum de Los Angeles, Peter Kingsley tient en joue Jack Bauer. Avant qu'il ne puisse presser la détente, un hélicoptère de la CAT arrive et lui tire dessus, le tuant sur le coup.

Sur ordre de Max, un mystérieux agent, Mandy attrape la main de David Palmer et lui inocule un dangereux virus biologique qui manque de le tuer, à la fin de cette « journée 2 ».

JOURNÉE 3

Trois ans plus tard…

Nina Myers, désespérée, fait face à Jack Bauer durant sa dernière – et fatale – confrontation. Avant de répondre enfin de ses actes, elle a essayé de l'empêcher de récupérer le virus mortel Cordilla, tenté de le tuer, semé le chaos dans le réseau informatique de la CAT, éliminé plusieurs membres de l'équipe médicale de la cellule et menacé d'assassiner Kim. Bauer l'abat alors qu'elle s'apprête à se saisir de son arme – du moins, c'est ainsi que les choses sont présentées dans le rapport officiel de la CAT.

INFILTRÉ

Pendant la « journée 3 », la CAT fait face à une menace bioterroriste majeure : elle implique des criminels scientifiques qui vendent un virus mortel à des réseaux terroristes. Pour les retrouver, Jack Bauer infiltre le clan Salazar au Mexique – un cartel de la drogue dans lequel il s'était autrefois introduit pour amener son chef, Ramon Salazar, devant la justice, au prix d'une dépendance à l'héroïne. Le plan de l'agent consiste à faire croire qu'il est désormais un renégat en faisant évader Salazar, puis de se servir de son clan pour rencontrer les vendeurs du virus. Mais le partenaire de Jack Bauer, Chase Edmunds – de qui Kim est secrètement amoureuse –, se lance à sa poursuite pour l'empêcher de trahir la CAT. Pendant ce temps, Hector Salazar, le frère de Ramon, mène les autorités sur une fausse piste. Les deux seuls alliés de Jack à l'agence, Tony Almeida et Gael Ortega, paient pour leur fidélité. Bauer et Salazar échappent de justesse à une émeute sanglante en prison et sont pourchassés par les militaires avant de s'enfuir au Mexique.

17H35

13H08

Un corps en décomposition, contaminé par une souche de synthèse d'un virus pulmonaire mortel, est jeté devant les bureaux des services nationaux de santé à Los Angeles. Cela pourrait être une menace d'origine inconnue.

13H52

Jack Bauer se prépare une seringue d'héroïne pour satisfaire l'accoutumance qu'il a acquise alors qu'il opérait sous couverture. Un appel de sa fille l'interrompt : il suspend son geste. Il va combattre sa dépendance tout au long de la « journée 3 ».

14H07

Kim finit par avouer à son père qu'elle a noué des liens romantiques avec son partenaire, Chase Edmunds. Elle sait que Jack va s'inquiéter : le métier de Chase pourrait la mettre en plus grand danger encore que ce qu'elle a déjà connu.

15H58

Jack Bauer prodigue les premiers soins à Tony Almeida : David Gomez, l'homme de main de Salazar, vient de lui tirer dans le cou. L'agent était en train de tenter d'arrêter un pion du baron de la drogue, Kyle Singer, au centre commercial Los Feitz.

Les détenus obligent Jack Bauer et Ramon Salazar à jouer à la roulette russe. Le fait que Bauer ait pénétré dans la prison pour en faire sortir Salazar a provoqué une émeute. Les deux hommes s'en sortent mais, peu après, l'agent abat le chef des détenus.

EN MANQUE DE DROGUE

Malgré d'énormes difficultés, Jack Bauer lutte durant toute la « journée 3 » pour ne pas replonger dans l'héroïne. Il est devenu accro pendant la période qu'il a passée au sein de l'organisation de Salazar. S'il combat des nausées intermittentes et des crises de douleur dues au manque, il parvient néanmoins à rester concentré. En général, les symptômes suivants peuvent apparaître dans les quarante-huit à soixante-douze heures qui suivent la dernière prise de cette drogue qui crée une forte dépendance : douleurs musculaires et osseuses, pupilles dilatées, nez qui coule, yeux qui pleurent, diarrhées, vomissements, sueurs froides, tremblements, crampes, dépression, etc.

16 X 30	16 X 54	18 X 01	18 X 59

Kyle Singer est capturé par les gros bras de Salazar et placé dans une pièce qui est peut-être contaminée par le virus mortel. Lorsqu'il est libéré, il apprend qu'il n'a pas été infecté : il s'agissait d'un stratagème pour induire la CAT en erreur.

Jack Bauer essaie de convaincre le chef de la prison, Mitchell, de le laisser partir avec Ramon Salazar. Le directeur les laisse passer mais, quelques instants plus tard, une émeute se déclenche, qui bouleverse les plans de l'agent.

Le chef de district de la CAT, Ryan Chappelle, prend les rênes de l'agence après qu'on a tiré sur Tony Almeida. Il demande immédiatement aux autorités militaires d'intercepter et d'abattre l'hélicoptère qui transporte Bauer et Salazar.

L'agent Gael Ortega braque son arme sur Kim quand la jeune fille le surprend en train de surveiller l'enlèvement de son père. Plus tard, il s'avérera qu'il travaille en fait avec Bauer et qu'il l'aide à infiltrer l'organisation de Salazar.

SCANDALE

Les événements commencent à échapper à tout contrôle, que ce soit sur le terrain ou au plus haut niveau de l'État. Au Mexique, Jack Bauer lutte pour le contrôle du virus contre les Salazar, le marchand d'armes Michael Amador et son ennemie jurée, Nina Myers. Chase Edmunds se mêle de la partie – compliquant les choses au point qu'à la fin les frères Salazar meurent, Myers est arrêtée, et le virus toujours dans la nature. Pendant ce temps-là, le président David Palmer affronte des scandales qui menacent de bloquer sa réélection : l'un d'eux implique son frère Wayne et débouche sur le retour de Sherry. Quand celle-ci se trouve mêlée à la mort d'un donateur de la campagne, l'administration Palmer vacille – tandis que la CAT poursuit sa course désespérée pour empêcher le virus d'être libéré.

Sachant qu'Alan Milliken peut parfaitement détruire David Palmer, Sherry subtilise ses médicaments pour le cœur et retient sa femme, Julia, alors qu'il est victime d'une crise cardiaque. Bien qu'elle ait fait tout cela dans le but de regagner les faveurs de son ancien mari, cela va précipiter les événements – entraînant la fin de la présidence Palmer et la mort de Julia et de de Sherry.

01H46

20H16

Bauer, qui lutte toujours contre le manque, se tient devant Claudia, la femme d'Hector Salazar, avec qui il a eu une liaison lorsqu'il avait infiltré le gang. Elle l'accuse de l'avoir trahie, mais Jack va essayer de l'aider à s'enfuir.

20H51

Anne Packard annonce à David Palmer qu'elle met fin à leur liaison, après avoir été témoin du suicide de son ex-mari, Ted. Elle lui explique qu'elle ne peut plus supporter la pression de la politique de haut niveau.

20H55

Après avoir poursuivi Jack Bauer jusqu'au Mexique, persuadé qu'il a trahi la CAT, Chase Edmunds est capturé par les frères Salazar. Bauer doit lui prouver violemment sa loyauté pour pouvoir protéger sa couverture.

21H22

Bauer emmène les frères Salazar à une vente aux enchères afin d'acquérir le virus auprès de l'organisation de Michael Amador. Il se découvre une enchérisseuse concurrente : Nina Myers.

LA GOUTTE D'EAU

À 20 h 22, Ted Packard menace de se suicider devant sa femme, Anne. Il l'a impliquée dans des malversations financières, mais il a ensuite fourni des preuves qui l'innocentent, puis il s'est donné la mort. Ce drame pousse Anne à mettre fin à sa liaison avec David Palmer.

21H30

Alan Milliken, donateur de la campagne de Palmer, informe le président que son frère Wayne, qui est aussi son directeur de cabinet, a eu une liaison avec sa femme, Julia. Il exige qu'il soit renvoyé, sous peine de sérieuses conséquences.

23H17

Sherry Palmer réapparaît dans la vie du président pour se charger d'un sale boulot : trouver des informations compromettantes sur Alan Milliken pour faire pression sur lui et l'empêcher de saboter le projet d'aide médicale ainsi que la carrière de Wayne.

23H57

Hector Salazar gît, mourant : il a été abattu par son grand frère, Ramon, pour s'être opposé à sa décision – risquée – de voler le virus à Michael Amador.

00H54

Jack Bauer et Chase Edmunds font face à Ramon Salazar, qui tient un cylindre contenant le virus. Ignorant qu'Amador a piégé la boîte, Bauer demande à Salazar de la poser. Elle explose, tuant le criminel sur le coup.

VIRUS LIBÉRÉ

L'horreur frappe tandis que l'on avance dans la « journée 3 ». La CAT finit par découvrir que l'instigateur du chantage au virus est Stephen Saunders. Il s'avère d'ailleurs tout à fait prêt à utiliser son arme biologique, et le prouve en répandant le virus au Chandler Plaza Hotel – ce qui débouche sur la mort de Gael Ortega et de presque mille autres personnes. La CAT, qui cherche désespérément à mettre la main sur Saunders, est de nouveau coiffée au poteau par la traîtresse Nina Myers, qui sabote le système informatique de l'agence et tente violemment de s'évader. Bauer finit par lui faire payer le prix du sang, puis semble se rapprocher de Saunders. Mais, pour cela, Ryan Chappelle, le responsable de la CAT, doit faire le sacrifice ultime.

Suivant les instructions de Stephen Saunders, Jack Bauer emmène Ryan Chappelle dans une gare ferroviaire déserte.

06 H 56

01 H 46

Chloe O'Brian parvient à vaincre à temps le virus informatique que Nina Myers a inoculé au sein du réseau de la CAT. L'analyste interrompt ainsi la libération de la traîtresse, négociée contre le code qui permettait d'enrayer le virus.

02 H 48

Pour lui soutirer des informations, des agents de la CAT introduisent une aiguille sous la peau de Nina Myers. Mais elle dévie la seringue vers une de ses artères et, dans la précipitation qui suit pour lui prodiguer les premiers soins, réussit à s'échapper.

02 H 57

Kim Bauer est devant Nina Myers, qui cherche à s'enfuir depuis un local technique de la CAT. Quelques secondes plus tard, Jack Bauer surgit, fait partir sa fille et abat enfin Myers.

03 H 55

Un engin d'origine russe muni d'un détonateur et contenant un flacon du virus mortel Cordilla est prêt à être activé : il vient d'être placé dans le système de ventilation du Chandler Plaza Hotel par un terroriste, Marcus Alvers.

Dans la pénombre d'une gare abandonnée, Jack Bauer commet l'impensable :
il accède aux exigences du terroriste Stephen Saunders et abat un innocent. C'est la
seule manière de convaincre le criminel de retarder la libération du virus Cordilla.

STEPHEN SAUNDERS

Stephen Saunders est un ancien soldat britannique qui a survécu à l'opération Crépuscule menée par Jack Bauer. Amer envers le gouvernement américain, il met au point un plan utilisant le virus Cordilla pour l'obliger à modifier sa politique étrangère. Mais Bauer va se servir de la fille de Saunders pour le capturer et empêcher son projet d'aboutir. Plus tard, la veuve de Gael Ortega, l'une de ses victimes, va le tuer à la CAT.

HAZMAT

L'équipe de la CAT dirigée par Michelle Dessler pénètre en hâte à l'intérieur du Chandler Plaza Hotel pour empêcher que le virus ne se propage, sans attendre que les unités hazmat (hazardous materials, « matériaux à haut risque ») n'arrivent pour fournir des combinaisons de protection. Le virus est quand même libéré, et plus de mille personnes succombent. Dès qu'une équipe hazmat, dirigée par le docteur Nicole Duncan, débarque sur les lieux, l'hôtel est mis en quarantaine : personne n'y pénètre plus sans porter une combinaison intégrale étanche et un système respiratoire autonome.

---

04 H 20

Michael Amador appelle Stephen Saunders tandis qu'il est pourchassé par Jack Bauer. Saunders, qui a un passif avec l'agent, s'avère être le maître d'œuvre de ce plan terrifiant.

05 H 39

Malgré le risque de contamination, Michelle Dessler réconforte son collègue Gael Ortega, qui a été infecté, quelques instants avant que le virus Cordilla ne fasse ses premières victimes à l'intérieur du Chandler Plaza Hotel.

05 H 45

Un hélicoptère d'assaut envoyé par Saunders attaque à la mitrailleuse le bâtiment qui abrite le MI-6. C'est là que Jack Bauer et l'agent du MI-6 Trevor Tomlisson passent au crible les indices qui pourraient les guider jusqu'à la cache de Saunders.

06 H 30

Un homme, William Cole, est parvenu à s'éclipser du Chandler Plaza Hotel. Il rentre chez lui mais s'aperçoit qu'il saigne du nez : c'est le premier symptôme d'une infection par le virus Cordilla, et elle pourrait se propager massivement.

À LA LIMITE DU DÉSASTRE

Ce sont des sacrifices héroïques qui décident de l'issue de cette « journée 3 ». La CAT commence par utiliser la fille de Stephen Saunders pour capturer le criminel, mais il kidnappe Michelle Dessler et force Tony Almeida à commettre une trahison pour la sauver. Simultanément, les tentatives pour étouffer l'affaire Milliken conduisent au meurtre de Sherry et à l'abandon de la course électorale pour Palmer. Pendant ce temps, Bauer aide Almeida à secourir sa femme, capture Saunders et l'oblige à lui révéler l'emplacement de ses messagers. Le terroriste est tué à la CAT sans avoir permis de localiser le dernier messager. Bauer et Edmunds retrouvent sa trace et, grâce au sacrifice de ce dernier, ils parviennent à empêcher un désastre inimaginable.

| 07ʜ53 | 08ʜ54 | 09ʜ32 | 10ʜ55 |

Jack Bauer annonce à Jane Saunders le rôle que joue son père dans le projet terroriste. Il lui demande de l'aider à le contacter avant que des millions de personnes ne meurent.

Stephen Saunders envoie à Tony Almeida une vidéo de Michelle Dessler, otage et menacée. Puis il fait pression pour le convaincre de faire libérer sa fille, détenue à la CAT.

Sherry Palmer trahit son ancien mari en offrant au sénateur John Keeler des preuves relatives à la mort d'Alan Milliken : il peut les utiliser pour forcer le président Palmer à ne pas se représenter.

Hors de lui, Tony Almeida tire sur les hommes de Saunders, tandis que Michelle et Jane se mettent à couvert. Le raid de la CAT couvrant l'échange des prisonnières tourne très mal.

PRINCIPAUX SUSPECTS

MICHAEL AMADOR

Lors de la « journée 3 », Amador essaie de vendre le virus Cordilla au cours d'enchères privées, alors qu'il l'a déjà cédé à Stephen Saunders. Quand son plan pour gagner quelques millions de plus met la CAT sur la piste de Saunders, celui-ci assassine Amador en faisant exploser sa voiture.

MARCUS ALVERS

Alvers est le lien entre Stephen Saunders et Michael Amador. Il dépose le virus Cordilla au Chandler Plaza Hotel, mais il est infecté au cours de la manœuvre. Sur place, il fournit à Michelle Dessler des informations sur Saunders. Elle accepte de le tuer avant que la maladie ne le fasse terriblement souffrir.

ARTHUR RABENS

Rabens est le dernier des transporteurs de virus de Saunders. Après la mort de ce dernier, il passe à travers les mailles du filet de la CAT et tente de répandre le virus dans une école. Mais Jack Bauer et Chase Edmunds l'arrêtent au tout dernier moment.

Chase Edmunds, à peine conscient, regarde Jack Bauer abattre Arthur Rabens, qui était sur le point de tirer sur lui. Edmunds a l'engin distributeur du virus attaché à son bras et doit prendre une décision capitale dans les minutes qui suivent.

10ʜ57

L'hélicoptère avec lequel comptait s'échapper Saunders est détruit par des jets F-18 de la marine, avertis par Jack Bauer. L'explosion plaque le criminel au sol, ce qui permet à l'agent de le capturer.

11ʜ57

Wayne Palmer, en larmes, berce dans ses bras le corps sans vie de Julia Milliken. Elle a tué Sherry puis s'est donnée la mort, après que son amant a échoué à récupérer les preuves compromettantes que détenait l'ex-femme du président.

12ʜ39

À la suite d'un affrontement avec Arthur Rabens, un messager de Saunders, Chase Edmunds porte accroché à son poignet le détonateur du container qui recèle le virus mortel. Il ordonne à Bauer de lui couper la main afin que le virus soit isolé avant l'explosion.

12ʜ53

Solennel, le président Palmer téléphone à Jack Bauer : il le remercie d'avoir sauvé d'innombrables vies et l'informe qu'il ne se présentera pas à sa succession, en conséquence des événements tragiques de la « journée 3 ».

JOURNÉE 4

Dix-huit mois plus tard…

Jack Bauer disparaît discrètement après avoir simulé sa propre mort, à la fin de la « journée 4 ». Il vient de mettre un terme au règne de la terreur d'Habib Marwan. Mais, ses efforts héroïques mis à part, il cause aussi un incident diplomatique au consulat de Chine en suivant une piste, ce qui amène ce pays à exiger qu'il soit arrêté et emprisonné. Des traîtres présents au sein du gouvernement, déterminés à le faire taire car il en sait trop sur certains sujets sensibles, tentent de l'assassiner, l'obligeant alors à imaginer son plan désespéré.

LE RÈGNE DU CHAOS

La retraite de Jack Bauer prend fin avec l'explosion d'un train et l'enlèvement de son nouveau supérieur, le secrétaire d'État à la défense James Heller, et de sa fille, Audrey Raines, avec qui il a une liaison. Ces kidnappings, organisés par un terroriste nommé Omar, sont imaginés pour humilier les États-Unis, et l'attaque du train a été mise en scène pour permettre le vol de l'appareil de contrôle Dobson, dont la technologie permettrait aux criminels de prendre le contrôle de centrales nucléaires. Bauer suit un agent qui, espère-t-il, va le conduire jusqu'à Omar, et glane des renseignements qui débouchent sur une action des forces spéciales afin de libérer Heller et Raines et d'éliminer Omar. Pendant ce temps, la CAT se démène furieusement pour empêcher une catastrophe nucléaire, et une cellule d'agents terroristes surprenante – une famille de banlieusards – vient en aide au chef d'Omar, Habib Marwan.

TERREUR SUR LA TOILE
Andrew Paige, ancien camarade de classe de Chloe O'Brian, pirate informatique accompli, s'aperçoit que des nodules suspects ont été placés sur des serveurs Internet et pourraient perturber toute la Toile. Très vite, il appelle Chloe et lui fait part de sa trouvaille – ce qui mène les terroristes jusqu'à sa porte.

Audrey Raines, submergée par l'émotion, tente de réconforter son père, le secrétaire à la Défense James Heller, après que des terroristes les ont pris en otage. Heller conseille à sa fille de guetter l'occasion de s'échapper, tandis que les terroristes commencent à mettre en scène une parodie de procès qu'ils comptent diffuser sur Internet.

07H00

Un train explose dans la vallée de Santa Clarita. L'attentat fait partie d'un plan stratégique visant à permettre à un agent nommé Dar de voler l'appareil de contrôle Dobson et de le faire parvenir à l'organisation d'Habib Marwan.

07H25

Sur ordre de son nouveau supérieur, le secrétaire à la Défense James Heller, Jack Bauer, qui n'est plus agent de terrain, revient à la CAT pour discuter de son système budgétaire et aussi pour en apprendre plus sur l'enquête concernant l'attaque du train.

07H58

James Heller et sa fille sont effrontément kidnappés en plein jour par des hommes appartenant à une cellule terroriste dirigée par un homme qui n'est connu que sous le nom d'Omar.

08H58

Les terroristes diffusent en direct sur Internet des images du secrétaire à la Défense Heller. Il est attaché, et il va être jugé puis exécuté devant le monde entier.

OMAR

C'est l'un des dirigeants de l'organisation d'Habib Marwan. Il est chargé d'organiser l'enlèvement de James Heller et d'Audrey Raines. Il est sur le point d'exécuter le secrétaire d'État à la Défense, en direct sur Internet, mais Jack Bauer dirige une opération qui permet de libérer Heller et Raines, et d'éliminer le terroriste.

KALIL HASAN

Kalil Hasan, un membre de la cellule d'Omar, reçoit l'ordre d'éliminer Andrew Paige. Il abat ses collaborateurs et sa mère, le fait prisonnier et réussit presque à le tuer. Bauer le suit, espérant qu'il va le mener à l'endroit où est détenu James Heller – mais Hasan se suicide en percutant un camion.

09 h 35

Avec son arme de sniper, Bauer a dans sa ligne de mire deux malfrats qui travaillent pour le terroriste Kalil Hasan, alors qu'ils s'apprêtent à tuer Andrew Paige. L'agent parvient à sauver le pirate informatique, puis il repart à la poursuite d'Hasan.

10 h 40

Behrooz Araz assiste à la mort de sa petite amie, Debbie, qui a été empoisonnée par sa mère, Dina. La jeune femme a découvert par hasard que la famille Araz est en fait une cellule terroriste secrète au service d'Habib Marwan.

12 h 05

Depuis sa cellule, dans les sous-sols de l'entrepôt où elle est emprisonnée, Audrey Raines aperçoit Jack Bauer. Il lui promet de revenir la chercher dès qu'il aura retrouvé son père.

12 h 08

Sous le commandement de Bauer, les hommes d'une unité d'assaut des forces spéciales descendent d'un hélicoptère de combat Cobra : c'est le début de l'offensive organisée pour sauver Heller et Raines.

CELLULE DORMANTE

11ʜ44

La catastrophe nucléaire semble imminente, et les relations entre les hommes commencent à se détériorer. Héroïque, Edgar Stiles parvient à programmer une méthode qui permet de fermer les centrales visées, mais un réacteur continue tragiquement sa fusion, causant la mort, entre autres, de sa propre mère.

Dans le camp adverse, la famille Araz ne s'en sort pas mieux. Navi Araz, un fanatique, accepte de suivre les ordres d'Habib Marwan, qui exige qu'il tue son fils, Behrooz, parce qu'il fréquente une Américaine. Mais sa femme, Dina, choisit d'aider ce dernier et s'enfuie avec lui. Bauer intervient et empêche Navi d'éliminer Behrooz – mais c'est alors le garçon qui abat son père. Dans le même temps, Jack Bauer et Audrey Raines sont pris dans une embuscade tandis qu'ils cherchent des indices sur Marwan : ils ne doivent leur salut qu'à l'intervention de Tony Almeida, un ancien collègue de Bauer appelé à sa rescousse. Malgré sa disgrâce, il accepte d'aider la CAT. Mais à peine est-il installé que son ex-femme, Michelle Dessler, prend la tête de l'agence et lui complique la vie. Pendant ce temps, comme il cherche à prouver que l'ancien mari d'Audrey, Paul Raines, pourrait être impliqué dans les événements du jour, Bauer laisse apparaître la brutalité de son caractère, ce qui ternit ses relations avec elle.

| 13ʜ55 | 13ʜ57 | 14ʜ46 | 15ʜ16 |

Tony Almeida débarque dans les locaux de l'entreprise Felsted Security juste à temps pour libérer Jack et Audrey. Bauer et Raines cherchent à récupérer des images issues de caméras de sécurité pour pouvoir identifier Habib Marwan.

Edgar Stiles épluche méthodiquement une séquence de commandes informatiques conçues pour prendre le contrôle de dix-sept centrales nucléaires. Il parvient à interrompre la fusion de seize d'entre elles.

Behrooz Araz et sa mère s'échappent de la clinique où Dina est soignée pour la balle qu'elle a reçue de son mari : le jeune homme s'est aperçu que les responsables étaient en train d'appeler les autorités.

Le journal télévisé rend compte de la fusion du réacteur de la centrale de l'île de Saint-Gabriel, la seule usine qu'Edgar Stiles n'a pas été en mesure de sauver. Les retombées nucléaires tuent la mère de Stiles ainsi que des milliers d'autres personnes.

Navi Araz, le chef de la cellule dormante constituée par sa famille qui semble pourtant parfaitement inoffensive, s'entretient au téléphone avec Omar à propos de la mort de Kalil Hasan. Pendant qu'il parle, sa femme Dina et son fils Behrooz s'apprêtent à faire disparaître le corps de Debbie Pendleton, la petite amie du garçon, éliminée un peu plus tôt par Dina. Araz est tellement inquiet du fait que sa femme et son fils pourraient compliquer le projet terroriste de la « journée 4 » qu'il essaie par la suite de les tuer.

CELLULES DORMANTES

Ce sont des petits groupes de terroristes qui se fondent dans la population et opèrent sous couverture jusqu'à ce qu'ils soient activés par leurs chefs. En général, les membres d'une cellule se connaissent, mais ignorent tout des autres cellules, et même de leurs supérieurs. Cela permet de préserver le secret et de limiter les possibilités d'aveux si un terroriste était capturé par les autorités. Lors de la « journée 4 », la famille Araz est ainsi activée. Elle forme une cellule dormante parfaite, puisqu'elle est totalement intégrée à son environnement jusqu'au moment où il lui faut agir.

| 16ʜ03 | 17ʜ00 | 18ʜ57 | 18ʜ59 |

Dans la buanderie du Lindauer Memorial Hospital, Navi Araz affronte son fils. Il est sur le point de le tuer son fils, mais Bauer arrive et sauve le garçon. Enfin, Behrooz abat son père.

Jack Bauer, qui soupçonne Paul Raines d'être impliqué dans le vol de l'engin de contrôle Dobson, s'apprête à le torturer afin d'obtenir des informations, sous le regard horrifié d'Audrey, son ex-femme.

Une bombe à impulsion est activée par l'entreprise McLennan-Forster pour empêcher la CAT de faire le lien entre eux et les événements de la journée. L'engin détruit les appareils électroniques dans un périmètre de plusieurs kilomètres.

Michelle Dessler est de retour à la CAT : elle prend les commandes en tant qu'agent spécial responsable. Elle remplace son ancien mari, qui avait pris les rênes de l'agence après qu'Erin Driscoll a quitté son poste suite au décès de sa fille.

LE PLAN DE MARWAN

Des officiels corrompus qui travaillent pour McLennan-Forster, en contrat avec le ministère de la Défense, font exploser une bombe à impulsion électromagnétique pour lancer la CAT sur une fausse piste, et tentent d'éliminer Jack Bauer et Paul Raines. Ce dernier est grièvement blessé en recevant la balle destinée à l'agent. Puis Bauer force Dina Araz à le mener jusqu'à Habib Marwan. La femme est tuée, mais la CAT sauve son agent, qui dirige alors un assaut contre Marwan, qui y échappe de peu. Le terroriste enclenche alors la phase suivante de son plan : le vol d'un avion furtif pour abattre Air Force One. Lorsque deux passants découvrent le « ballon de football nucléaire » sur les lieux du crash, Bauer les sauve d'une attaque de Marwan et récupère le ballon – mais le terroriste s'est déjà enfui avec les codes cruciaux de décollage et de localisation. Son projet devient évident quand ses hommes volent un missile nucléaire : il prévoit de lancer une attaque nucléaire dévastatrice sur les États-Unis.

AVION FURTIF

L'avion top secret volé au cours de la « journée 4 » par Mitch Anderson et qui sert à abattre Air Force One est un Nighthawk F-117 A, une arme clé dans l'arsenal de l'US Air Force. Le Nighthawk est spécifiquement conçu pour échapper aux radars afin de passer au travers des défenses aériennes les plus serrées et d'atteindre de nuit des cibles de grande importance. Il n'est pas lui-même équipé de radar, car cela augmenterait les possibilités qu'il soit détecté par d'autres engins. Il navigue à l'aide d'un GPS et d'un système d'inertie de haute précision. C'est avant tout un appareil destiné aux attaques air-sol. Il possède un armement guidé au laser et des missiles sol-air, et il est toujours piloté par un seul homme.

La bombe à impulsion électromagnétique de McLenan-Forster est enclenchée quelques secondes avant que Jack Bauer ne pénètre dans la pièce. L'agent parvient à refermer partiellement le sas de sécurité, mais ses efforts sont insuffisants : l'onde de choc électromagnétique détruit les circuits électriques à des kilomètres à la ronde.

19 ʜ 58	20 ʜ 58	21 ʜ 33	21 ʜ 59

Paul Raines passe devant Bauer et écope de la balle qui lui était destinée. C'est Dave Conlon, de McLennan-Forster, qui a tiré, et l'agent l'abat dans les secondes qui suivent. Raines est grièvement blessé et emmené d'urgence à la CAT.

Sur ordre d'Habib Marwan, Dina Araz braque une arme sur la tête de Jack Bauer. Prête à tout pour sauver son fils, elle essaie en fait d'abattre le terroriste, mais son pistolet est déchargé. Peu après, Marwan la fait tuer.

Michelle Dessler présente Bill Buchanan à l'équipe de la CAT. Il est passé de son poste de commandement jusqu'à la CAT de Los Angeles pour superviser l'échange entre Behrooz Araz et Jack Bauer.

Mitch Anderson, qui se fait passer pour un pilote de l'Air Force, se prépare à décoller à bord d'un jet furtif Nighthawk F-117 A volé : il doit exécuter le projet de Marwan, qui est de tuer le président Keeler.

TRAGÉDIE FAMILIALE

L'agent spécial responsable de la CAT, Erin Driscoll, tente de calmer sa fille schizophrène, Maya, installée à la clinique de l'agence. Au beau milieu de la « journée 4 », Maya est impliquée dans un accident, et Driscoll l'amène au centre médical pour qu'elle soit auscultée. Mais la jeune fille se donne la mort en se taillant les veines, et Driscoll doit quitter ses fonctions et confier le commandement à Tony Almeida.

PRINCIPAL SUSPECT

MITCH ANDERSON

C'est un officier qui a été mis à pied et emprisonné avant de devenir mercenaire. C'est lui qui mène à bien le plan d'Habib Marwan consistant à voler un avion furtif et à abattre Air Force One. Il aurait ensuite été lui-même tué – mais son corps n'a jamais été retrouvé.

Charles Logan devient président lorsque le terroriste Mitch Anderson abat Air Force One. John Keeler n'est pas tué, mais il est grièvement blessé, ce qui, en vertu du vingt-cinquième amendement, permet la prise de fonctions de Logan.

LE BALLON DE FOOTBALL NUCLÉAIRE

L'expression « ballon de football nucléaire » désigne une mallette que le président des États-Unis transporte partout au cas où il devrait ordonner une attaque nucléaire. Elle contient les codes de lancement des ogives, qui sont changés tous les jours, et un « guide de jeu » de ce que l'on nomme les codes « or », qui présentent les différents scénarios d'attaque possibles, ainsi que des informations sur la localisation des têtes nucléaires. Lors de la « journée 4 », Habib Marwan ne vole pas l'intégralité du ballon de football nucléaire, mais il parvient à récupérer les codes d'activation des têtes nucléaires que son organisation a volées dans l'Iowa, ce qui lui confère un pouvoir immense.

22 H 42

Bauer tire à travers le mur pour abattre une tueuse, Nicole, dans l'appartement de Mitch Anderson. Nicole a aidé Anderson à voler les papiers d'identité d'un pilote de l'Air Force, et sa mission suivante était d'arrêter Bauer.

22 H 59

Le radar montre Air Force One, qui transporte John Keeler, atteint par le tir indirect d'un missile lancé par le jet furtif volé. Le président est blessé durant l'attaque, et remplacé par le vice-président Charles Logan.

23 H 45

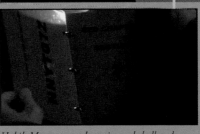

Habib Marwan met la main sur le ballon de football nucléaire, qui contient l'emplacement des missiles nucléaires américains ainsi que leurs codes d'activation. Il le subtilise au civil qui l'a trouvé dans l'épave d'Air Force One.

23 H 59

Pour savoir où se trouve Marwan, Bauer bouscule Joe Prado qui a aidé le terroriste à faire sortir des gens du pays : Marwan a envoyé cet avocat afin de retarder son interrogatoire, mais l'agent ne respecte pas le protocole pour obtenir ses renseignements.

FIN DE PARTIE

Le président par intérim Charles Logan autorise l'ancien président David Palmer à coordonner les opérations, et celui-ci donne son accord pour intervenir à l'intérieur du consulat chinois et capturer un scientifique traître lié à Habib Marwan. Mais le raid se passe mal et le scientifique est blessé. Bauer doit donc obliger un chirurgien à le soigner, tandis que Paul Raines se meurt sur la table d'opération. La piste que le savant donne est ensuite gâchée par Logan, qui interfère dans la tentative de capture de Marwan. Lorsque Mandy, la mercenaire, est capturée après avoir pris Tony Almeida en otage, la CAT obtient grâce à elle, en échange d'une grâce présidentielle, l'endroit où se trouve le terroriste. Après avoir lancé le missile, il se suicide – mais l'agence met la main sur des données qui empêchent le désastre de se produire. Néanmoins, tout n'est pas terminé : la Chine exige l'extradition de Jack Bauer, ce qui incite des membres du gouvernement américain à organiser son assassinat. Pour sauver sa peau, Bauer simule sa mort. Seuls Tony Almeida, Michelle Dessler, Chloe O'Brian et David Palmer connaissent la vérité – et l'agent disparaît discrètement.

La tueuse Mandy, qui vient d'être arrêtée, attend calmement sous la surveillance de Curtis Manning de savoir si le président Charles Logan va lui accorder sa grâce et la faire libérer en échange d'informations sur le lieu où se trouve Habib Marwan.

01H38

L'ancien président David Palmer reçoit un appel de Mike Novick. Celui-ci lui demande de se rendre immédiatement à la Maison Blanche pour assister Charles Logan dans cette crise qui prend de l'ampleur.

01H59

Chloe O'Brian, pour sa première mission sur le terrain, tire sur un homme armé qui tente l'empêcher de recueillir des données capitales dans l'ordinateur de Sabir Ardakani concernant le plan terroriste. L'analyste réussit à s'échapper.

02H31

Bauer pénètre illégalement au sein du consulat de Chine, guidé par Tony Almeida. Il cherche le scientifique Lee Jong, qui pourrait détenir des informations cruciales sur le projet de lancement d'un missile nucléaire d'Habib Marwan.

02H57

Jack Bauer tente, sans succès, de réanimer Paul Raines, qui se meurt sur la table d'opération. Il a ordonné au chirurgien qui s'occupait de lui de le laisser tomber pour s'occuper de Lee Jong. Il espère obtenir des indices sur la planque de Marwan.

INTÉGRITÉ CONSULAIRE

L'effraction du consulat chinois par Jack Bauer est une affaire très sérieuse car, selon les lois internationales, il s'attaque ainsi à un pays étranger. Comme les ambassades, les consulats sont considérés comme des territoires nationaux. Ce sont en général des bureaux situés dans différents lieux autour de la planète, où sont délivrés les passeports et les visas et où l'on assiste les ressortissants dans leurs entreprises et leurs démarches administratives. Comme on considère ces consulats comme des propriétés étrangères, on ne peut y pénétrer que si on y est invité par le pays.

17н56

PRINCIPALE SUSPECTE

MANDY

Mandy est une mercenaire qui travaille pour des réseaux terroristes. Elle apparaît lors de la « journée 4 » pour aider Habib Marwan à organiser le kidnapping de James Heller. Plus tard, elle prend Tony Almeida en otage pour tenter de s'échapper. Jack Bauer l'arrête, mais elle négocie une grâce, dévoile le lieu où se trouve le terroriste, puis disparaît.

SIMULER LA MORT

Pour simuler sa mort, Jack Bauer utilise un médicament bêtabloquant, qui réduit son rythme cardiaque à un niveau quasi imperceptible. En général, on utilise ce genre de substance pour calmer le stress cardiaque et prévenir les crises d'angine, ou encore pour ralentir les rythmes cardiaques excessifs. Trop dosé, ce médicament peut arrêter le cœur et, à la fin de la « journée 4 », Bauer dépasse largement la dose prescrite. Heureusement, une piqûre d'épinéphrine, effectuée par Tony Almeida, rétablit son rythme cardiaque avant qu'un accident fatal ne se produise. L'épinéphrine est normalement utilisée en cas d'arrêt du cœur pour restaurer le rythme cardiaque.

03н11

Les hommes du terroriste configurent un missile de croisière et y adaptent une tête nucléaire. Peu après, la bombe mortelle est lancée depuis une base mobile dans l'Iowa.

06н09

Jack Bauer se bat pour empêcher Habib Marwan de se suicider : le terroriste préfère se jeter dans le vide plutôt qu'être interrogé. Il frappe la main de l'agent avec son couteau, et l'autre finit par lâcher prise.

06н22

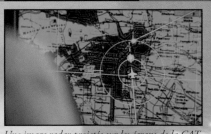

Une image radar projetée sur les écrans de la CAT montre un F-18 qui réussit à abattre le missile transportant la tête nucléaire quelques instants à peine avant qu'il n'atteigne Los Angeles.

06н53

Tony Almeida, Chloe O'Brian et Michelle Dessler attendent de voir si la piqûre d'épinéphrine va ranimer Jack Bauer : il a simulé sa mort pour éviter qu'on l'assassine. Pendant quelques secondes angoissantes, il n'est pas certain qu'il s'en sorte.

JOURNÉE 5

Dix-huit mois plus tard…

Quand débute la « journée 5 », Wayne Palmer étreint le corps de son frère David : il vient d'être tué par balle. L'ancien président et tous ceux qui savent que Jack Bauer est toujours en vie sont assassinés au cours de la « journée 5 ». Seule Chloe O'Brian échappe au massacre. Ces événements poussent Bauer à sortir de la clandestinité et l'engagent dans une course contre la montre : il doit aider la CAT à arrêter la menace d'un attentat au gaz neurotoxique et à enrayer une conspiration gouvernementale, qui prend ses sources au sein de l'administration du président Logan.

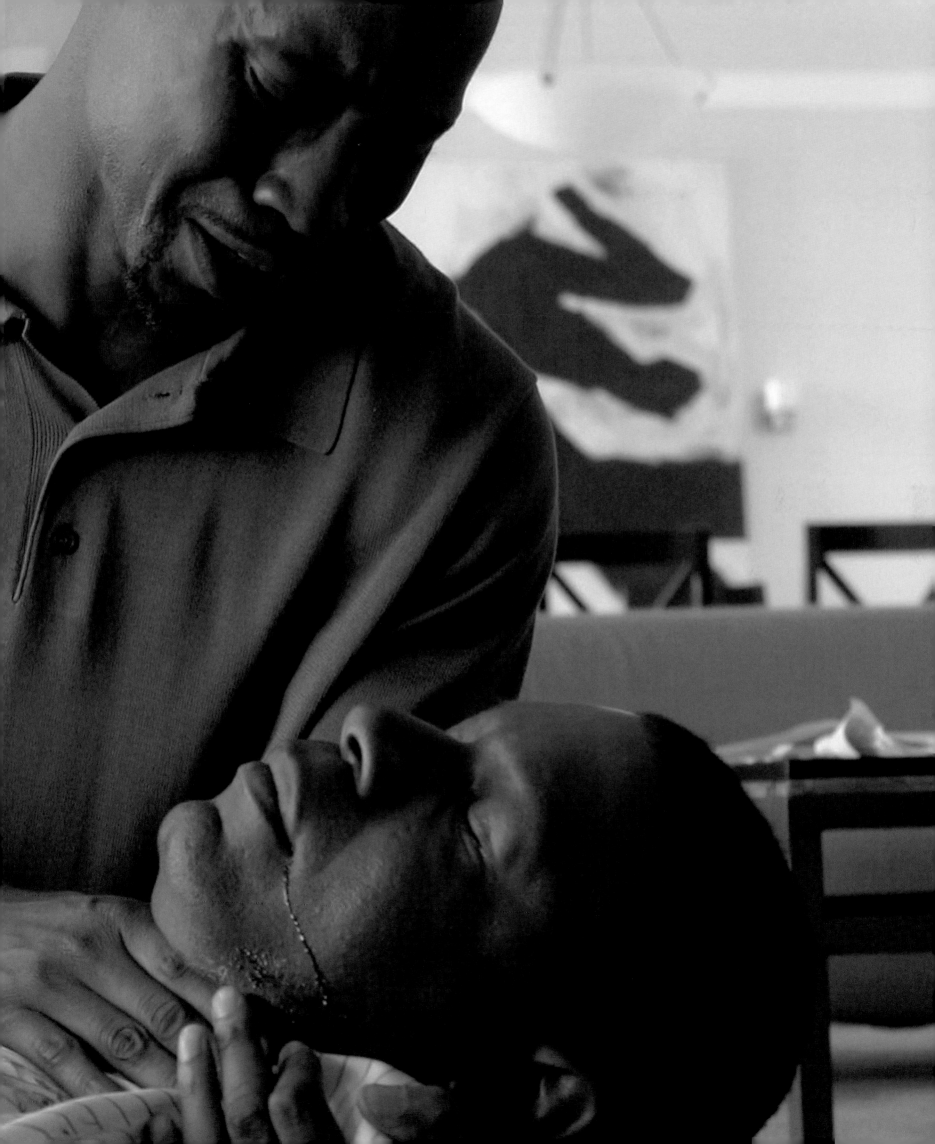

CONSPIRATION

La conspiration débute de façon dramatique avec l'assassinat de David Palmer. Viennent ensuite le meurtre de Michelle Dessler et les agressions contre Tony Almeida et Chloe O'Brian. La CAT trouve des preuves falsifiées qui accusent Jack Bauer, présumé décédé. Chloe O'Brian enjoint l'agent de refaire surface. Il lui sauve la vie, puis il suit une piste qui le mène jusqu'à l'aéroport de l'Ontario. Là, il est plongé au cœur d'une prise d'otages que l'on suppose échafaudée pour mettre un terme au traité entre les États-Unis et la Russie. En réalité, c'est une ruse pour couvrir le vol par des terroristes d'un gaz neurotoxique mortel, acheminé clandestinement en Asie avec comme objectif d'accroître l'influence américaine sur ce continent. La première dame du pays, Martha Logan, suspecte également une conspiration, mais elle est prise de cours par l'assistant du président, Walt Cummings, qui tient un rôle essentiel dans ce complot. Jack Bauer revient à la CAT, met en évidence le rôle de Cummings et l'affronte en présence du président. Mais Logan nourrit d'autres projets et plonge Bauer au cœur de la conspiration.

09 H 08

07 H 02

L'ancien président David Palmer gît sur le sol de l'appartement de son frère Wayne, tué d'une balle dans la nuque. Cet assassinat est le déclencheur de la conspiration de la « journée 5 ».

07 H 13

Tony Almeida est projeté au sol par le souffle de l'explosion de la bombe qui tue Michelle Dessler, sa femme. Il se précipite à son secours et il est lui-même grièvement blessé.

07 H 52

Jack Bauer rejoint Chloe O'Brian sur le site d'une raffinerie de pétrole et tente de la rassurer. Elle est en danger, traquée par le meurtrier de David Palmer. Celui-ci fait irruption, mais Bauer le neutralise.

08 H 00

Edgar Stiles, un agent de la CAT, visionne une nouvelle fois la vidéo d'une caméra de surveillance qui montre que Jack Bauer est l'assassin de David Palmer.

Charles Logan et son homologue russe Yuri Suvarov saluent les journalistes. Les deux hommes se rencontrent dans la résidence secondaire du président américain pour signer un traité commun de lutte contre le terrorisme.

HAAS

C'est un assassin engagé par Christopher Henderson, un ex-agent spécial commandant de la CAT aujourd'hui en disgrace, pour tuer David Palmer, Michelle Dessler, Tony Almeida et Chloe O'Brian. Haas est tué par Bauer au début de la « journée 5 ».

JAMES NATHANSON

Égaré par son patriotisme, Nathanson, un ex-agent de la CIA, s'implique dans le complot de la « journée 5 ». Il sert d'intermédiaire dans l'affaire du gaz neurotoxique. Il découvre par la suite le véritable objectif de ce plan et il est tué par les conspirateurs.

GAZ NEUROTOXIQUE

Les terroristes utilisent des bonbonnes d'un gaz neurotoxique, le Sentox VX-1, fabriqué par Omicron International ; elles sont déclenchées par une commande à distance, comme celle représentée ici. La télécommande est équipée de ports USB qui permettent de télécharger les codes nécessaires au déverrouillage du mécanisme de déclenchement du conteneur. Le VX est le gaz neurotoxique le plus dangereux qui soit. Il attaque le système nerveux et provoque rapidement la mort par arrêt respiratoire.

| 09ʜ58 | 10ʜ58 | 11ʜ28 | 12ʜ44 |

Pour sauver Derek Huxley, Bauer se rend à Anton Beresch sur l'aéroport de l'Ontario et devient lui-même otage. Beresch veut empêcher la signature d'un traité antiterroriste entre les États-Unis et la Russie.

Walt Cummings, chef d'équipe de Logan, chloroforme l'épouse du président, Martha, et vole la preuve qu'un enregistrement audio de David Palmer a été falsifié.

Jack Bauer, de retour à la CAT après la prise d'otages, surprend les employés, qui le croyaient mort. Lynn McGill lui demande son assistance pour déjouer la menace du gaz neurotoxique.

Bauer affronte Cummings en présence de Logan et l'accuse d'être impliqué dans la mort de plusieurs personnes, dont David Palmer. Il ne sait pas encore qu'il est en fait manipulé par le président dans le cadre d'un vaste complot.

CORRUPTION

Les terroristes attaquent au gaz neurotoxique un centre commercial et un hôpital, et seule l'intervention de la CAT empêche une catastrophe. Ils tentent aussi d'assassiner le président russe – avec, selon toute vraisemblance, l'approbation du président Logan. Mais Martha Logan, aidée d'Aaron Pierce, un agent des services secrets, sauve au péril de sa vie les Suvarov. Quand Walt Cummings meurt dans des circonstances troubles et que Martha apprend que son mari est complice des terroristes, elle découvre qu'une partie de l'administration présidentielle est aussi impliquée dans la conspiration. De son côté, Jack Bauer suit une piste qui pourrait relier Christopher Henderson, son ancien mentor de la CAT, au complot. Tandis qu'il enquête, Henderson essaie de le tuer. L'agent se défend, l'arrête et lui fait subir un interrogatoire dans les locaux de la CAT. Mais avant qu'il puisse obtenir des aveux, l'agence subit une attaque au gaz neurotoxique qui provoque la mort de dizaines de personnes, dont Edgar Stiles et Lynn McGill.

01 H 45

SÉRUM DE VÉRITÉ

La CAT utilise le sérum hyoscine-penthotal pour pousser Christopher Henderson à faire des aveux. Il permet d'altérer le jugement d'un individu et rend, de fait, la vérité difficile à dissimuler ; il est aussi capable de provoquer de grandes souffrances si nécessaire. Le sérum le plus connu est le sodium-penthotal, auquel s'apparente l'hyoscine-penthotal. Il est administré en intraveineuse par petites doses. Mais la méthode n'est pas infaillible. Ainsi, Henderson résiste au sérum et refuse de donner des informations à la CAT.

14 H 45 **15 H 58** **16 H 47** **17 H 46**

Jack Bauer évacue une petite fille du centre commercial Sunrise Hills après que les terroristes ont lâché du gaz neurotoxique dans le système de ventilation. Il empêche le gaz de se répandre avant qu'une catastrophe de large envergure n'ait lieu.

Martha Logan accompagne le président russe et son épouse jusqu'à leur voiture. Elle sait qu'ils vont être la cible de terroristes et, voyant que son mari n'a pas de les prévenir du risque d'attentat, elle s'invite dans leur véhicule pour lui forcer la main.

Le cortège est la cible d'une attaque : les hommes de Vladimir Bierko tirent un missile sur la voiture des Suvarov. Aaron Pierce, l'agent des services secrets, ordonne juste à temps au véhicule de faire demi-tour, ce qui lui évite d'être frappé de plein fouet.

Curtis Manning surprend le terroriste Victor Grigorin en train de régler le minuteur d'un conteneur de gaz neurotoxique au Thomas Memorial Hospital. Il l'abat et place le conteneur dans une salle de quarantaine avant qu'il n'explose.

Audrey Raines tient en joue Christopher Henderson, qui a essayé de la tuer, mais ne peut se résoudre à tirer. Elle est sauvée par l'agent Curtis Manning.

PRINCIPAUX SUSPECTS

WALT CUMMINGS

Cummings, chef de cabinet du président Logan, animé par un patriotisme mal éclairé et persuadé qu'ils seront capturés s'ils s'en servent en Russie, offre aux terroristes l'accès au gaz neurotoxique. Mais il est pris sur le fait, et on le retrouve mort. Ce qui a toutes les apparences d'un suicide serait plus vraisemblablement un assassinat.

VLADIMIR BIERKO

Bierko, financier des radicaux russes, vole le gaz neurotoxique avec l'intention de l'utiliser contre son pays. Déjoué par la CAT, il se retourne contre des cibles américaines. Bauer empêche une attaque et le fait prisonnier, mais il s'échappe et tente une nouvelle frappe. L'agent le tue au cours d'une bagarre.

17 H 56

Pour pousser Henderson à livrer ses informations sur le gaz neurotoxique, Jack Bauer loge une balle dans le genou de son épouse, Miriam. Mais Henderson continue à garder le silence.

18 H 26

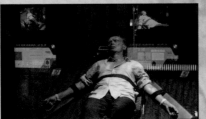

Christopher Henderson est amené à la CAT pour être soumis à des injections d'hyoscine-penthotal. Il lui est promis une douleur encore plus grande s'il refuse de parler. L'agent Burke lui administre une deuxième dose, mais Henderson continue à se taire.

18 H 54

Edgar Stiles découvre le corps sans vie de Carrie Bendis dans le local électrique de la CAT, tuée par le terroriste Ostroff alors que celui-ci plaçait un conteneur de gaz neurotoxique dans le système de ventilation. Il meurt ensuite sous l'effet du gaz.

18 H 59

Chloe O'Brian, à travers la porte hermétique de la salle de réunion d'urgence, assiste, horrifiée, à la mort de son collègue et ami Edgar, qui n'a pu se mettre à temps à l'abri du gaz neurotoxique Sentox.

MESURES HÉROÏQUES

Pendant que la CAT est malmenée, la tragédie frappe de nouveau. Christopher Henderson tue Tony Almeida et parvient à s'échapper tandis que Jack Bauer est lancé à la poursuite de Vladimir Bierko. Après avoir soupçonné – à tort – Audrey Raines, il déjoue une attaque terroriste et arrête Bierko. Le président Logan se révèle être l'orchestrateur des événements de cette journée, avec un groupe secret dont fait partie un homme mystérieux, Graem. Avec l'aide d'Henderson, Logan dissimule son implication et ordonne au Département de la sécurité intérieure de prendre les commandes de la CAT. Bauer est à la recherche d'un enregistrement audio qui met en évidence l'implication du président. Il récupère cette bande après avoir soutiré des informations à Henderson et la fait écouter au secrétaire à la Défense James Heller, qui tente alors de contraindre Logan à démissionner. Alors que ce dernier est sur le point de capituler, Henderson exige que Bauer lui remette l'enregistrement en échange d'Audrey Raines. Logan est bientôt en mesure de détruire la preuve qui l'accable.

19 H 43

Lynn McGill se sacrifie héroïquement en réglant le programme informatique qui gère le système de ventilation de la CAT, permettant ainsi de filtrer le gaz toxique hors des locaux et de sauver ceux qui sont encore en vie dans le bâtiment.

19 H 58

Le cadavre de Tony Almeida gît sur le sol de la clinique médicale de la CAT après que Christopher Henderson lui a administré une dose mortelle d'hyoscine-penthotal. Almeida n'a pu se résoudre à tuer le criminel, et il le paie de sa vie.

20 H 58

Colette Stenger, courtière en informations travaillant pour Henderson, finit par révéler à Bauer où se trouve la planque de Bierko. Au cours de son interrogatoire, elle implique Audrey Raines, en disant que l'information de cette dernière.

21 H 57

Bauer s'enfuit des locaux de la compagnie de gaz Wilshire qu'il vient de faire exploser pour détruire le gaz neurotoxique Sentox introduit par Bierko dans les conduites de gaz naturel, sauvant ainsi des milliers de vies.

Jack Bauer et Christopher Henderson pénètrent dans un sous-marin russe afin d'arrêter Vladimir Bierko. Par la suite, Henderson tente d'échapper à l'agent. Mais l'arme que ce dernier lui a fournie n'est pas chargée, et Jack l'abat.

05 ң 08

CHRISTOPHER HENDERSON
Henderson est un ancien fonctionnaire de la CAT, qui a été le mentor de Jack Bauer jusqu'à ce que celui-ci ait mis en évidence son implication dans un scandale. Il a travaillé dans le privé avant de prendre part à la conspiration de la « journée 5 », exécutant le sale boulot du président Logan.

GRAEM
Graem est à la tête d'un groupe d'hommes d'affaires qui, de concert avec le président Logan, élaborent le complot de la « journée 5 », avec pour objectif le contrôle des ressources pétrolières de la Chine. Quand Logan tombe, Graem s'évanouit dans la nature. Lors de la « journée 6 », on apprendra qu'il est le frère de Jack Bauer.

22 ң 05

Karen Hayes et son assistant, Miles Papazian, évoquent la possibilité de se servir d'Audrey Raines pour rendre Bill Buchanan responsable de la brèche dans la sécurité de la CAT, et le forcer ainsi à abandonner le commandement sans faire d'histoires.

22 ң 41

Jack Bauer, Wayne Palmer et Evelyn Martin cherchent le moyen de mettre la main sur l'enregistrement qui incrimine Logan. Martin consent à indiquer où se trouve la bande si Bauer accepte de secourir la fille d'Henderson.

23 ң 06

Pour la première fois, le président est directement relié aux manipulations de la « journée 5 » lorsqu'il reçoit un appel d'Henderson lui promettant de tuer Jack Bauer et Wayne Palmer et de détruire la preuve qui l'incrimine.

00 ң 41

Le secrétaire à la Défense James Heller fait face au président Logan après avoir pris connaissance de l'enregistrement audio récupéré par Bauer. Il promet de ne rien révéler aux forces de l'ordre ni à la presse s'il accepte de démissionner.

LA CHUTE D'UN PRÉSIDENT

06 H 46

Alors que le président Logan pourchasse ses ennemis, Jack Bauer tient Christopher Henderson au pied du mur et apprend de sa bouche qu'il a remis l'enregistrement audio falsifié à un coursier. Henderson, après avoir blessé Audrey Raines, parvient presque à s'évader, mais Curtis Manning l'en empêche. Bauer détourne un avion couvert par l'immunité diplomatique et met la main sur la bande son. Le document est détruit par Miles Papazian, fonctionnaire du Département de la sécurité intérieure, sur ordre du président Logan. Bauer traque Vladimir Bierko après son évasion et s'empare d'un sous-marin russe. Henderson lui prête main-forte, après que l'agent lui a promis de l'aider à disparaître, pour retrouver et tuer Bierko. Mais il trahit Bauer et celui-ci l'abat. Il ne parvient pas à obtenir les aveux du président Logan mais réussit à placer sur lui un micro. Quand Martha Logan pousse son mari à bout et qu'il reconnaît, sous le coup de la colère, sa culpabilité, la CAT enregistre la conversation. Logan est donc arrêté pour trahison. Bauer retrouve Audrey Raines. Mais des agents chinois l'enlèvent pour régler leurs comptes issus des événements de la « journée 4 ». Alors que s'achève la « journée 5 », Jack Bauer, salement amoché, entame son voyage forcé vers une sombre prison chinoise.

Martha Logan affronte froidement le regard de son mari alors que les agents de sécurité emmènent ce dernier à l'issue de l'hommage rendu à David Palmer. Elle a joué un rôle essentiel dans l'enquête qui a conduit à l'arrestation du président.

01 H 11

James Heller dirige exprès sa voiture dans le vide pour empêcher Henderson de l'utiliser comme moyen de pression et forcer Bauer à le laisser s'enfuir. Heller survit à sa chute.

01 H 40

Graem, un mystérieux inconnu dont on découvrira plus tard qu'il est le frère de Jack Bauer, demande au président Logan de s'assurer que sa femme, Martha, ne les dénoncera pas. Pour la première fois, l'un des conspirateurs alliés de Logan se dévoile.

02 H 57

Jack Bauer détourne un avion couvert par l'immunité diplomatique et force le copilote, Scott Evans, à lui remettre l'enregistrement audio qui incrimine le président Logan. Puis il l'oblige à atterrir sur une autoroute.

04 H 48

Vladimir Bierko lâche un conteneur de gaz neurotoxique Sentox à l'intérieur du sous-marin russe Natalia. Après avoir éliminé l'équipage, il tente de lancer les missiles du sous-marin sur Los Angeles. Jack Bauer l'en empêche et le tue.

CHARLES LOGAN

Il prétend qu'il a agi dans l'intérêt des États-Unis quand il s'est impliqué dans le complot visant à laisser des terroristes s'approprier le gaz neurotoxique. En fait, il ne cherchait qu'à couvrir la mort de David Palmer. Au cours de la « journée 5 », Logan devient le dirigeant le plus impliqué de toute l'histoire des États-Unis dans des affaires criminelles.

CHENG ZHI

Lors de la « journée 4 », Cheng Zi est présenté comme le chef de la sécurité du consulat de Chine à Los Angeles, mais il occupe probablement des fonctions bien plus importantes. Lorsqu'il apprend que Jack Bauer est toujours vivant, il le fait enlever pour obtenir de lui des informations confidentielles capitales.

05 H 20

Après en avoir fini de Vladimir Bierko, Jack Bauer tue Christopher Henderson, qui tente de s'échapper en le menaçant d'une arme.

06 H 19

Bauer kidnappe et interroge, en le menaçant de mort, Charles Logan sur son rôle dans la conspiration, mais il n'obtient aucun aveu. Il arrive à placer un micro sur le président qui, plus tard, permettra de mettre en évidence sa culpabilité.

06 H 32

Charles Logan gifle Martha et lui reproche d'aider Jack Bauer. Lors de la dispute qui s'ensuit, le président, enregistré à son insu grâce au micro placé par l'agent, admet son rôle dans la conspiration.

06 H 57

Enlevé par les services secrets chinois puis passé à tabac, Bauer, en piteux état, est détenu dans les soutes d'un cargo maritime qui se dirige vers la Chine quand se termine la « journée 5 ».

JOURNÉE 6

Vingt mois plus tard…

Un champignon atomique s'élève au-dessus de la banlieue de Los Angeles. Ce que l'on avait imaginé de pire finit par se produire au cours de la « journée 6 » : des terroristes font exploser une bombe nucléaire. Ce drame convainc Jack Bauer, qui vient d'être libéré après avoir passé presque deux ans dans une prison militaire chinoise, de reprendre du service malgré ses réticences à retrouver sa vie précédente. Il doit entreprendre un voyage désespéré, son père et son frère étant impliqués dans les événements tragiques de cette journée – des événements qui risquent de dégénérer en un conflit mondial.

LE CAUCHEMAR

Jack est libéré de sa prison militaire chinoise, mais c'est juste pour être remis entre les mains du terroriste Abu Fayed, en échange d'informations sur Hamri Al-Assad, l'homme qui est a priori responsable d'une vague terroriste en cours depuis onze semaines. Le véritable cerveau s'avère en fait être Fayed lui-même. Il torture Bauer, qui parvient quand même à s'évader. L'agent repère Al-Assad et empêche un attentat suicide. Fayed récupère un mécanisme de déclenchement pouvant s'adapter à des bombes nucléaires portables russes qui ont été volées et prévoit d'en faire exploser une. Pendant ce temps, l'administration de Wayne Palmer, désespérée, arrête des musulmans dans tout le pays, ce qui entraîne une dispute entre le président et sa sœur, Sandra. Palmer accorde sa grâce à Al-Assad contre son aide pour retrouver Fayed, ce qui entraîne une confrontation sanglante entre Bauer et son ami Curtis Manning. Après la mort de Manning, l'agent, perdu, semble incapable d'aller plus loin. Mais quand Fayed fait sauter une bombe nucléaire, tuant des milliers d'Américains, Jack Bauer trouve en lui la détermination nécessaire pour traquer les responsables.

| 06 H 08 | 06 H 54 | 07 H 15 | 07 H 54 |

Après l'avoir maintenu prisonnier pendant plus de vingt mois, les Chinois remettent Jack Bauer, menotté, aux représentants de la CAT sur l'aérodrome d'Ellis. Cela fait partie d'une négociation orchestrée par le président Wayne Palmer.

Après avoir violemment torturé Jack Bauer, le terroriste avoue que c'est lui le responsable de la vague d'attaques violentes qui frappent le pays, et non l'homme que la CAT soupçonne, Hamri Al-Assad.

Après avoir repéré Hamri Al-Assad, Jack Bauer l'entraîne, avec un terroriste suspecté de collaborer avec Abu Fayed, à l'extérieur de son abri, quelques secondes avant que celui-ci ne soit détruit par une frappe chirurgicale air-sol.

Alors qu'il est en train de se battre avec Jack Bauer, Nasir, un terroriste, tente de faire exploser la charge d'explosifs C4 qu'il porte sur lui dans le métro de Los Angeles. Bauer le jette du wagon avant l'explosion et sauve des dizaines de vies.

ABU FAYED

Fayed est le pire tueur que Jack Bauer ait jamais rencontré. Il fait sauter une bombe nucléaire qui tue plus de douze mille personnes lors de la « journée 6 ». Bauer le pourchasse sans relâche, et finira par le tuer à mains nues.

AHMED AMAR

Le père du jeune Amar est suspecté de collaborer avec des terroristes. Ahmed, lui, est vraiment leur complice, et, au cours de la « journée 6 » il oblige un voisin à livrer un composant nucléaire à Fayed. Plus tard, Jack Bauer abat Ahmed Amar.

Jack Bauer, désorienté, jette son arme à terre : il vient d'abattre, à contrecœur, un agent de la CAT, Curtis Manning. Cet acte terrible lui a permis de sauver un terroriste avéré, Hamri Al-Assad – un informateur vital pour retrouver des armes nucléaires disparues.

BOMBES NUCLÉAIRES PORTABLES

Cinq engins nucléaires transportables dans des mallettes, reliques de la guerre froide, doivent être détruits. Mais le nationaliste russe Dimitri Gredenko les revend à des terroristes. Les engins sont dits « portables » parce que la tête nucléaire et le mécanisme de mise à feu sont assez petits pour tenir dans une valise. Ils ont été fabriqués en Union soviétique dans les années 1960, et on trouve parmi leurs composants des circuits contenant des codes de sécurité russes cryptés. Après que les terroristes ont fait sauter une des bombes en Californie, lors de la « journée 6 », le vol d'un second circuit entraîne une nouvelle crise.

Bien que le système de détonation soit fait de composants informatiques classiques, un ingénieur de haut niveau est nécessaire pour le programmer.

09ʜ55	10ʜ09	11ʜ06	11ʜ34

Quelques instants après avoir tué Curtis Manning, Bauer est au plus bas. Il ne sait pas s'il aura encore la force et la volonté de continuer à lutter. Manning était sur le point de tuer Al-Assad, et Bauer avait besoin du terroriste vivant.

Après l'explosion nucléaire, toute proche, Jack Bauer fonce pour secourir un pilote d'hélicoptère coincé sur le toit d'un immeuble. L'appareil a été soufflé par l'onde de choc et s'est encastré dans le bâtiment.

Jack questionne son frère Graem : il a appris que son père et lui étaient en rapport avec Gredenko, l'homme qui a aidé les terroristes à mettre la main sur des armes nucléaires. Graem tente d'abord de l'égarer sur une fausse piste.

Phillip Bauer surprend son fils Jack, qu'il n'a pas vu depuis des années, au siège de la société Enegra Global, en contrat avec le gouvernement, et qui employait Darren McCarthy, un consultant qui trafiquait illégalement des armes nucléaires russes.

AFFAIRES DE FAMILLE

15 H 20

Lorsque Jack Bauer découvre que sa famille est impliquée dans la disparition des armes nucléaires, il demande des explications à son frère Graem et à son père Phillip, avec qui il n'a plus de relations. Phillip parvient à convaincre Jack que seul Graem est impliqué, et l'agent l'interroge donc avec brutalité. Il apprend avec horreur qu'il est derrière la conspiration de la « journée 5 ». Pendant ce temps, Morris O'Brian, de la CAT, est enlevé, et on l'oblige à programmer un autre détonateur nucléaire, tandis qu'Abu Fayed et Dimitri Gredenko complotent pour lancer d'autres attaques. Quand la CAT se lance à la poursuite de Gredenko, Phillip Bauer, qui craint que Jack ne découvre ses liens avec celui-ci, tue Graem, tente d'éliminer son autre fils et kidnappe son petit-fils, Josh. Jack retrouve son père, sauve son neveu et apprend que l'ex-président Charles Logan est lui aussi lié à Gredenko. Au même moment, des extrémistes au sein du gouvernement tentent d'assassiner le président Palmer.

Phillip Bauer amène Josh, son petit-fils, dans un hôtel. Il le met en garde et le prévient qu'il ne doit pas intervenir dans ses projets, ni tenter de s'échapper.

12 H 58

Phillip Bauer administre à son fils Graem une dose massive de hyoscine-pentothal destinée à le tuer. Il veut désespérément l'empêcher de révéler le rôle de sa société dans le projet terroriste durant son interrogatoire par la CAT.

13 H 48

Sous la contrainte, Morris O'Brian finit de programmer un détonateur de bombe nucléaire pour Abu Fayed. Celui-ci prévoit de l'abattre juste après, mais une unité d'intervention de la CAT le sauve juste à temps.

13 H 56

Jack Bauer suit minutieusement les instructions de Chloe O'Brian pour désamorcer une mallette nucléaire laissée par Abu Fayed juste avant que la CAT ne sauve Morris O'Brian. L'agent réussit, ce qui permet d'éviter un gigantesque désastre.

14 H 59

L'agent de la CAT Milo Pressman fait sauter un van tactique de la CAT afin de permettre à Marilyn Bauer et à lui-même d'échapper à des hommes de Phillip Bauer, qui leur avaient tendu une embuscade.

INTERROGATOIRE

Lorsque, au cours de son interrogatoire, son frère Jack dépasse les limites de sécurité, Graem parvient quand même à supporter une dose extrême du sérum de vérité, le hyoscine-pentothal. Jack insiste pour que l'agent Burke administre 8 cc du produit, et Graem finit par confesser son implication dans les meurtres de David Palmer, de Tony Almeida et de Michelle Dessler lors de la « journée 5 ». Mais il garde le silence sur la responsabilité de la société de leur père dans la crise nucléaire actuelle. Burke finit par refuser d'administrer plus de sérum. Phillip Bauer, lui, sait que Graem ne pourra résister indéfiniment. Il se sert donc de ce produit pour tuer son fils cadet et s'assurer de son silence.

PRINCIPAUX SUSPECTS

GRAEM BAUER

Dimitri Gredenko se sert de l'implication de Graem et de Phillip Bauer dans les événements de la « journée 5 » pour les obliger à l'aider à voler les engins nucléaires. Jack Bauer utilise des méthodes d'interrogatoire brutales pour faire parler son frère, mais c'est son père qui finit par le faire taire à tout jamais.

DIMITRI GREDENKO

Gredenko est un ancien général russe, un nationaliste qui participe au plan mettant en scène les bombes nucléaires afin de précipiter un conflit entre les États-Unis et les pays arabes. Au bout du compte, il est capturé et forcé de tendre un piège à Abu Fayed. Plus tard, il meurt en tentant de s'échapper.

DARREN MCCARTHY

Phillip Bauer embauche McCarthy pour qu'il supervise le démantèlement des bombes nucléaires russes, mais en fait celui-ci les revend à des terroristes. Pour une somme supplémentaire, McCarthy kidnappe Morris O'Brian afin de lui faire programmer les engins. Mais sa petite amie finit par le tuer pour récupérer l'argent.

15 h 38

Reed Pollock attaque Tom Lennox dans la chaufferie du bunker présidentiel quand il réalise que ce dernier va révéler son projet d'assassinat du président Wayne Palmer. Pollock le retient prisonnier pendant le déroulement du plan.

15 h 59

Un PAD abandonné par Phillip Bauer fournit à Jack un indice important dans sa quête des armes nucléaires russes disparues : le numéro de téléphone personnel d'un homme en rapport avec Dimitri Gredenko – l'ancien président Charles Logan.

16 h 59

Alors qu'Al-Assad entame un discours dénonçant le terrorisme, il découvre une bombe sur le podium. Il se place entre celle-ci et le président. Palmer va s'en sortir, même s'il tombe dans le coma, mais Al-Assad est tué sur le coup.

17 h 47

Jack Bauer menace d'abattre le diplomate russe Anatoly Markov pour apprendre où se trouve Dimitri Gredenko. Markov finit par admettre qu'il opère depuis le désert Mojave, mais laisse entendre que l'agent arrive déjà trop tard.

À LA POURSUITE DE FAYED

Le président Palmer est inconscient, et c'est donc le vice-président Noah Daniels qui prend les commandes. Jack Bauer prend des mesures drastiques pour localiser Dimitri Gredenko. Martha Logan, instable, attaque son ex-mari Charles quand il lui demande son aide pour obtenir la coopération des Russes avec la CAT. Gredenko et Abu Faycd tentent une attaque nucléaire sur San Francisco, mais la cellule intervient et arrête Gredenko. Elle se sert de lui pour retrouver l'autre terroriste, en espérant qu'il va la mener aux engins nucléaires. Pendant ce temps, Daniels organise une vaste riposte, et Sandra Palmer fait réveiller le président, son frère, pour l'arrêter. Palmer y parvient, puis il fait un pari risqué pour venir en aide à la CAT. Cela fonctionne : Bauer réussit à localiser les bombes nucléaires et à tuer Fayed. Mais Palmer s'écroule, victime d'une hémorragie cérébrale, tandis que l'agent apprend qu'Audrey Raines est vivante, aux mains des Chinois. Le prix de sa liberté est le composant d'une bombe qui pourrait compromettre la sécurité russe.

Jack Bauer vient chercher l'ex-président Charles Logan dans sa retraite privée, où il est assigné à résidence depuis bientôt deux ans. Ils se rendent au consulat russe afin de convaincre le diplomate Anatoly Markov de les aider à localiser Dimitri Gredenko.

18ʜ03	18ʜ33	19ʜ02	19ʜ54

Bill Buchanan présente Mike Doyle, le nouveau directeur des opérations de terrain, qui doit prendre en charge un assaut contre le consulat russe, où Jack Bauer est retenu. Ce dernier détient des informations sur les projets d'attaque nucléaire de Gredenko.

Martha Logan accueille froidement son ancien mari quand ils se retrouvent chez elle. Logan demande à son ex-femme de l'aider à convaincre le gouvernement russe de collaborer avec la CAT mais, peu de temps après, elle l'attaque sauvagement.

Un avion sans pilote (UAV) RQ-2, un drone aérien, armé d'une bombe nucléaire par Dimitri Gredenko et Abu Fayed, décolle depuis le désert Mojave et vise San Francisco.

Jack Bauer tente avec difficulté de se servir du système de pilotage à distance pour dévier la trajectoire du drone aérien braqué sur San Francisco. Il parvient à faire s'écraser l'appareil. Il y a des fuites de radiations, mais il n'explose pas.

17:01

PRINCIPAUX SUSPECTS

REED POLLOCK

Pollock est le directeur de cabinet adjoint, aux ordres de Tom Lennox, mais aussi un extrémiste opposé à la politique étrangère de Wayne Palmer. Convaincu d'être un bon patriote, il met en place le plan destiné à assassiner le président et place lui-même la bombe. À la fin de la « journée 6 », il est incarcéré.

BRUCE CARSON

Carson est un spécialiste de la sécurité, mais aussi l'allié de Reed Pollock lors de la tentative d'assassinat de Wayne Palmer. Avec son aide, il fait pénétrer dans le bunker présidentiel les composants d'une bombe liquide qu'il fabrique lui-même. C'est Tom Lennox qui arrête Carson et Pollock.

19:57

20:58

22:56

23:44

Noah Daniels ordonne aux militaires de lancer une offensive nucléaire au Moyen-Orient, contre l'avis de ses principaux conseillers. Ils considère que l'attaque manquée contre San Francisco est un prétexte suffisant.

Une fois sorti du coma provoqué par son traitement, le président Wayne Palmer appelle le vice-président Daniels pour lui expliquer qu'il a annulé ses ordres d'attaque nucléaire du Moyen-Orient et qu'il reprend l'exercice de ses fonctions.

Au cours d'un violent combat, Jack Bauer enroule une chaîne autour du cou d'Abu Fayed et l'étrangle. Ainsi prend fin la vie du tueur – et l'agent peut récupérer les engins nucléaires qui manquent.

Le président Wayne Palmer annonce aux journalistes qu'Abu Fayed est mort et que les armes nucléaires ont été récupérées. Puis il a un malaise et s'écroule, victime d'une hémorragie cérébrale qui le replonge dans un coma profond.

LE PRIX À PAYER

Malgré les ordres, Jack Bauer livre les circuits imprimés russes aux Chinois afin de sauver Audrey Raines. Son plan est mis à mal par la CAT : Raines est sauvée, mais le responsable chinois, Cheng Zhi, s'échappe avec les composants endommagés. Cheng demande à Phillip Bauer de les réparer, en échange de quoi il promet d'extirper Josh Bauer de la CAT. L'assaut chinois contre l'agence coûte la vie à Milo Pressman, avant que Bauer y mette un terme et parvienne à sauver Josh. Pendant ce temps, le vice-président Daniels apprend qu'un agent russe a réussi à compromettre sa maîtresse, Lisa Miller, et les choses dégénèrent rapidement. Pour éviter la guerre, il ordonne que Josh Bauer soit livré à son grand-père en échange des composants, mais Phillip Bauer trahit la CAT. Avec l'aide de Bill Buchanan, Jack le poursuit jusqu'à une plate-forme pétrolière désertée, secourt Josh, capture Cheng, et laisse son père se faire tuer par un tir de missiles. Le composant est détruit et la guerre évitée, mais les tourments personnels de Jack ne s'achèvent pas pour autant : James Heller le persuade de s'éloigner d'Audrey Raines. Bauer a tout simplement trop d'ennemis pour pouvoir la protéger. À la fin de la journée, il part, incertain de la route à suivre.

00 H 43

Quelques instants avant d'être escorté hors des locaux, Bill Buchanan informe Nadia Yassir, dans la salle de conférences de la CAT, qu'il a été relevé de ses fonctions pour des raisons politiques, et qu'elle est désormais aux commandes.

00 H 54

Des agents chinois présentent Audrey Raines, bâillonnée, à Jack Bauer : il ne l'a pas vue depuis presque deux ans. En échange, il leur remet un composant de circuit imprimé FB.

01 H 09

Par visioconférence, le président russe Yuri Suvarov prévient le vice-président Daniels qu'une crise militaire pourrait éclater si les États-Unis ne parvenaient pas à récupérer le circuit imprimé FB volé par les Chinois.

01 H 59

L'ancien secrétaire d'État à la défense James Heller fait face à Jack et le somme de rester loin de sa fille. Il lui lance : « Tu es maudit, Jack. Tout ce que tu touches finit par mourir d'une manière ou d'une autre. »

ADIEU DÉFINITIF

À 05 h 55, « journée 6 », Jack Bauer rend une tendre visite à Audrey Raines, alors endormie : c'est peut-être la dernière fois qu'il la voit. Fou de douleur, il la laisse aux bons soins de son père, réalisant qu'il ne pourra jamais la protéger de ses ennemis.

Pour la première fois depuis de nombreuses années, Jack Bauer prend le temps de la réflexion. Mais il ne trouve pas la paix. La « journée 6 » touchant à sa fin, il considère tout ce que lui a coûté son dévouement au pays, à quoi il doit ajouter toute chance de bonheur avec Audrey Raines.

05 ʜ 59

02 ʜ 45

Le chef du commando chinois, Zhou, abat froidement Milo Pressman lors de l'invasion de la CAT. Pour couvrir Nadia Yassir, Pressman s'est désigné comme responsable de la CAT, et cela lui a coûté la vie.

03 ʜ 59

Bien que Jack Bauer vienne à peine de sauver son neveu Josh des griffes des agents chinois, le vice-président Daniels ordonne que le garçon soit remis à Phillip Bauer en échange du circuit imprimé FB.

05 ʜ 30

Jack Bauer se retrouve face à son père sur une plate-forme pétrolière isolée. Il abandonne Phillip à son sort quelques instants avant que l'endroit ne soit frappé par un tir de missiles. Jack s'échappe juste avant que la plate-forme n'explose.

05 ʜ 36

Ayant arrêté son père, sauvé son neveu et arrêté Cheng Zhi, Jack Bauer se rend chez James Heller et tente de voir Audrey Raines. Mais Heller parvient à le convaincre qu'il ne pourra jamais rester à ses côtés.

LES CIVILS ET LA CAT

De simples civils sont souvent mêlés aux affaires de la CAT. Certains se trouvent impliqués tandis qu'ils tentent de commettre des petits larcins, voire de réaliser des gros coups. D'autres sont de simples pions ou des victimes innocentes. D'autres encore se trouvent au mauvais endroit au mauvais moment. Enfin, certains sont impliqués du fait de leurs relations familiales ou personnelles. Voici une liste de la plupart des civils qui ont joué un rôle au cours des événements des « journées 1 à 6 ».

JOURNÉE 1

Franck Allard. Dealer de drogue, impliqué avec Kim Bauer et Rick Allen. Plus tard, il est attrapé par des policiers sous couverture.

Chris. Ami de Phil Parslow. Il tente d'aider à protéger Teri Bauer, mais il est tué par un agent terroriste.

George Ferragamo. Psychologue depuis longtemps de Keith Palmer.

Maureen Kingsley. Journaliste de Late Night News sur la chaîne d'infos CNB.

Mila Luminovic. Fille de Nikola Luminovic. Assassinée par Victor Drazen dans le restaurant de son père.

Mélanie. Petite amie de Rick Allen. Elle est jalouse de Kim Bauer.

Phil Parslow. Médecin, ami de Teri Bauer, avec qui elle sort brièvement alors qu'elle vit séparée de Jack. Il tente de l'aider à recouvrer la mémoire, mais il est tué par des terroristes.

Lauren Proctor. Serveuse. Jack Bauer pénètre dans sa voiture et l'oblige à l'aider à fuir l'usine de Santa Clarita Water.

Erica Vasquez. Mère de Jamey Farrell. Elle reçoit l'argent que sa fille a gagné illégalement.

Janet York. Amie de longue date de Kim Bauer à Santa Monica High. Elle est kidnappée avec elle et assassinée par des terroristes.

JOURNÉE 2

Ralph Burton. Détective privé engagé par Kate Warner pour enquêter sur Reza Naiyeer.

Frank Davies. Gérant d'épicerie qui tente d'aider Kim Bauer. Il est abattu par Ramon Garcia.

Danny Dessler. Frère de Michelle Dessler. Quand sa liaison avec Carnie Turner tourne mal, il essaie de l'agresser à la CAT.

Al Fulani. Imam de la mosquée où prie Syed Ali. Il coopère avec la CAT pour le retrouver.

Ramon Garcia. Civil paniqué, qui tente d'échapper à la menace nucléaire. Il braque une épicerie pour se procurer des provisions, puis il est abattu par la police.

Paul Koplin. Il assiste le détective privé Ralph Burton dans son enquête sur Reza Naiyeer. Il est torturé et tué par des terroristes.

John Mason. Fils de George Mason. Il vend des glaces. Son père lui ordonne de quitter Los Angeles avec une grosse somme d'argent.

Carla Matheson. Épouse de Gary Matheson, l'employeur violent de Kim Bauer, et mère de Megan. Elle est assassinée par son mari.

Megan Matheson. Fille de Gary et de Carla Matheson. Sa nounou, Kim Bauer, s'occupe d'elle et la protège.

Lonnie McRae. Solitaire qui vit dans la forêt nationale d'Angeles Crest. Il offre un abri à Kim Bauer et la retient brièvement contre son gré.

Miguel. Musicien, petit ami de Kim Bauer. Il l'aide à quitter Los Angeles et à sauver Megan Matheson. Il est grièvement blessé dans leur fuite.

Reza Naiyeer. Homme d'affaires, fiancé de Marie Warner. Il est accusé d'activités terroristes, mais n'est en fait qu'un pion dans la machine.

Rouse. Leader d'une foule en colère durant la crise nucléaire. Il s'attaque à Yusuf Auda et tente de voler de l'argent à Kate Warner. Il finit par être tué par Jack Bauer tandis qu'il tente de dérober des pièces à conviction capitales.

Cam Strocker. Réparateur du téléphone. Pris en otage par des terroristes et forcé à placer des bombes à la CAT.

Bob Warner. Homme d'affaires, informateur de la CIA et père de Kate et de Marie. Cette dernière l'utilise à son insu dans son plan terroriste.

Ron Wieland. Spécialiste des affaires intérieures dans un grand journal. Retenu illégalement alors qu'il enquête sur des rumeurs d'attentat nucléaire.

JOURNÉE 3

Luis Annicon. Procureur général. Il met Ramon Salazar en prison. Assassiné par un gardien de prison que les Salazar font chanter.

William Cole. Client du Chandler Plaza Hotel. Infecté par le virus Cordilla, il s'échappe de l'hôtel et est à deux doigts de provoquer une épidémie majeure. On présume que la maladie l'a tué.

Danny. Client du Chandler Plaza Hotel. Il panique et essaie de quitter l'hôtel après sa mise en quarantaine. Michelle Dessler doit l'abattre.

Bruce Foxton. Enquêteur privé qui aide Wayne Palmer à fouiller la maison de Sherry Palmer à la recherche de pièces à conviction la mettant en cause dans la mort d'Alan Milliken.

Linda. Petite amie de Kyle Singer, qui le convainc de ne pas se suicider.

Ted Packard. Ex-mari d'Anne Packard. Il perd son entreprise pharmaceutique dans un scandale lié à la drogue et finit par se suicider.

Craig Phillips. Chef de la sécurité du Chandler Plaza Hotel. Il aide à placer le bâtiment en quarantaine. L'une des victimes présumées du virus Cordilla.

Oriol. Père de Claudia Salazar et de Sergio, un garçon de ferme des Salazar.

Theresa Ortega. Veuve de Gael Ortega. Ivre de colère, elle tue Stephen Saunders en récupérant les affaires de son mari à la CAT.

Jane Saunders. Lycéenne, fille du terroriste Stephen Saunders. La CAT se sert d'elle pour capturer son père.

Sergio. Jeune frère de Claudia Salazar, sous l'influence d'Hector, ce qui pousse sa sœur à vouloir échapper aux narcotrafiquants.

Douglas Shaye. Avocat de Ramon Salazar, assassiné par son client.

Helen et Sam Singer. Parents de Kyle Singer, qui tentent d'aider la CAT à localiser leur fils.

JOURNÉE 4

Nabilla Al-Jamil. Experte en informatique. Elle suspecte son petit ami, Sabir Ardakani, de garder des informations confidentielles sur son ordinateur et fait part de ses soupçons à la CAT. Elle échappe à la mort grâce à Chloe O'Brian.

Maya Driscoll. Fille d'Erin Driscoll. Schizophrène, elle se suicide à la clinique de la CAT.

Jason et Kelly Girard. Campeurs dans le désert, qui tombent sur le ballon de football nucléaire après avoir découvert l'épave d'Air Force One. Pourchassés par les hommes de main d'Habib Marwan et sauvés par Jack Bauer.

Richard Heller. Fils de James Heller et frère d'Audrey Raines. Les terroristes se servent de lui pour enlever son père.

Naji et Safa. Frères arabo-américains qui défendent leur magasin de matériel de sport, aidés par Jack Bauer, pendant les émeutes anti-arabes, au cœur de la crise nucléaire.

Naseem. Pharmacien, frère de Dina Araz. Il ne croit pas que la famille de sa sœur soit impliquée dans le terrorisme, mais il est tué par son beau-frère.

Andrew Paige. Expert et pirate informatique. Cet ancien camarade de classe de Chloe O'Brian découvre que des terroristes s'attaquent au système de sécurité sur Internet. Il est sauvé par Jack Bauer.

Karen Pendleton. Mère de Debbie, qui la recherche après sa disparition.

Paul Raines. Homme d'affaires, ex-mari d'Audrey Raines. Ses intérêts professionnels sont aux mains de terroristes, et il finit par mourir après avoir sauvé la vie de Jack Bauer.

Jen Slater. Petite amie de Tony Almeida, du temps où il avait quitté la CAT et buvait beaucoup.

David Weiss. Avocat d'Amnesty Global, qui a un mandat pour interrompre l'interrogatoire de Joe Prado par la CAT.

JOURNÉE 5

Cal. Mécanicien. Ivan Erwich l'oblige à ouvrir des bonbonnes de gaz neurotoxique, puis il l'élimine.

Suzanne Cummings. Veuve de Walt Cummings. Martha Logan la console sans lui avouer que son mari était un traître.

Miriam Henderson. Épouse de Christopher Henderson. Elle ne sait rien de ses activités, mais Jack Bauer la bouscule pour faire parler son mari.

Derek Huxley. Fils de Diane Huxley. Il se méfie de Bauer et le suit jusqu'à l'aéroport de l'Ontario, où il est pris en otage par des terroristes jusqu'à ce que l'agent le sauve.

Diane Huxley. Elle loue une chambre à Jack Bauer, qu'elle connaît sous le nom de Franck Flynn, pendant sa période clandestine. Bien qu'elle soit attirée par lui, elle accepte qu'il soit toujours amoureux d'Audrey Raines.

Inessa Kovalevsky. Mineure, esclave sexuelle du complice de terroristes Jacob Rossler, que Bauer sauve.

Barry Landes. Psychologue plus âgé que Kim Bauer, et son petit ami. Durant la crise du gaz Sentox, ils sont enfermés à la CAT jusqu'à ce que, à la demande de Jack, il emmène sa fille loin de Los Angeles.

Amy Martin. Fille d'Evelyn Martin. Christopher Henderson l'enlève pour faire pression sur sa mère afin qu'elle obtienne des preuves accablant Charles Logan.

Jenny McGill. Sœur de Lynn McGill, une droguée. Elle aide son petit ami à voler la carte d'accès de Lynn à la CAT, et elle est tuée par des terroristes.

Hans Meyer. Homme d'affaires, passager du jet privé détourné par Bauer. On le soupçonne, à tort, de transporter les enregistrements de Logan pour le compte de Henderson.

Carl Mossman. Responsable du service de nuit de la banque où Evelyn Martin a déposé l'enregistrement compromettant le président Logan. Jack Bauer l'oblige à ouvrir le bâtiment. Plus tard, il tente de s'échapper avec l'agent et est tué dans la fusillade qui suit.

Dwayne Thompkins. Petit ami de Jenny McGill, un drogué. Il vole la carte d'accès à la CAT de Lynn McGill pour la revendre afin de se payer de la drogue, et il est tué par des terroristes.

JOURNÉE 6

Walid Al-Rezani. Chef de l'Alliance islamo-américaine, conduit dans un centre de détention. À contrecœur, il apporte son aide pour trouver des complices des terroristes au sein de l'établissement, et il est abattu quand l'opération tourne mal.

Marilyn Bauer. Épouse de Graem, ancienne maîtresse de Jack et mère de Josh.

Josh Bauer. Fils de Graem et neveu de Jack.

Brady Hauser. Frère (autiste) de Mark Hauser. Il est manipulé pour utiliser ses capacités en informatique afin de franchir les protocoles de sécurité de la CAT.

Mark Hauser. Entrepreneur payé par Dimitri Gredenko pour se servir des talents informatiques de son frère afin de franchir les sécurités de la CAT. Une fois capturé par Jack Bauer, il coopère avec l'agence.

Stuart Pressman. Frère de Milo Pressman. Il vient à la CAT pour récupérer son corps et ses effets personnels, et dit à Nadia Yassir que son frère l'aimait.

Rita. Petite amie de Darren McCarthy. Elle recherche la belle vie grâce à l'argent mal acquis par McCarthy, le trahit et le tue. Elle est éliminée par Fayed.

Jillian Wallace. Épouse de Ray Wallace. Son fils Scott et elle sont pris en otage par Ahmed Amar, puis sauvés par la CAT.

Ray Wallace. Voisin d'Ahmed Amar. Il l'oblige à lui venir en aide pour procurer une arme nucléaire à Abu Fayed en prenant sa famille en otage. Il est tué dans une explosion atomique.

Scott Wallace. Fils de Ray et de Jillian Wallace. Il veut être ami avec Ahmed Amar, mais on le menace de mort. Il est sauvé par la CAT.

Stan. Entrepreneur et voisin d'Ahmed Amar. Il est en colère contre cette famille et déteste les musulmans. Il s'attaque donc à Ahmed, qui finit par le tuer.

INDEX

Titre original de cet ouvrage :
24 : The Ultimate Guide

Édition originale produite et réalisée par :
Dorling Kindersley Limited
A Penguin Company
80 Strand Street
Londres WC2R 0RL Royaume-Uni

Direction éditoriale Lindsay Kent
Direction artistique Nathan Martin
Conception Hanna Ländin & Jon Hall
Direction de la licence Robert Perry
Édition Simon Beecroft et Siobhan Williamson
Traduction Durengal
Maquette Santosh Kumar Ganapathula
Fabrication Amy Bennett

ISBN : 978-2-89647-077-8

Dépôt légal : 1er trimestre 2008
Bibliothèque nationale et Archives du Québec
Bibliothèque et Archives Canada

Éditions Hurtubise HMH ltée
1815, avenue De Lorimier
Montréal (Québec) H2K 3W6

Imprimé en Chine

REMERCIEMENTS

L'auteur tient à remercier les personnes suivantes :
Virginia King et Rimma Atanovitch, de la 20th Century Fox, pour l'opportunité;
Lindsay Kent, Simon Beecroft, Nathan Martin, de Dorling Kindersley, pour leur professionnalisme;
Bruce Margolis, Joel Surnow, Jon Cassa, Mariana Galvez et Alicia Bien;
toute l'équipe qui crée *24 heures chrono*, et particulièrement Joseph Hodges, Rodney Charters, Randy
Gunter, Sterling Rush, Bryce Moore et Eloy Fernandez; les fabuleux maîtres accessoiristes Hal Lary,
Mark Marcum, Claudia Rebar, John et Chuck Tamburro et Craig Dyer;
remerciements particulier au photographe Kesley McNeal et à son équipe;
et, par-dessus tout, merci aux trois grands amours de ma vie :
Bari, Jake et Nathan, pour m'avoir temporairement confié à cet extraordinaire projet.

www.hurtubisehmh.com